La première édition de cet ouvrage a été publié avec le soutien de la Maison des Sciences de l'Homme du Pacifique et de l'Université de la Polynésie française.

GÉOPOLITIQUE DE L'INDO-PACIFIQUE

2e édition

GÉOPOLITIQUE DE…

L'interdépendance croissante de nos sociétés complexifie les relations entre les peuples, les espaces, les faits. De nouvelles questions émergent qui dépassent les frontières du seul territoire.
État des lieux du monde contemporain, la collection Géopolitique permet d'aborder ces questions dans leur globalité et ainsi saisir les nouvelles relations de pouvoir.

GÉOPOLITIQUE DE L'INDO-PACIFIQUE

Enjeux internationaux, perspectives françaises

Paco Milhiet

Préface de Christian Lechervy

2e édition

Le Cavalier Bleu
EDITIONS

Paco Milhiet

Paco Milhiet est chercheur associé à la S. Rajaratnam School of International Studies (NTU-Singapour).
Titulaire d'un doctorat de l'Université de la Polynésie française et de l'Institut catholique de Paris, il a rédigé et soutenu une thèse intitulée *L'Indo-Pacifique français, construction régionale, stratégie nationale, déclinaisons locales.*
Ses recherches portent sur la géopolitique de la région indo-pacifique et les enjeux spécifiques de chaque collectivité française de la zone. Il a enseigné les relations internationales aux élèves officiers de l'École de l'air et de l'espace ainsi qu'à Sciences Po Aix.

Les opinions exprimées dans cet ouvrage n'engagent que la responsabilité de l'auteur.

Sommaire

Préface

Le concept Indo-Pacifique (I-P) est désormais régulièrement promu par des responsables politiques, des praticiens ou des penseurs des relations internationales. Il est l'objet de vifs débats stratégiques ou partisans, de maints documents à vocation politico-administrative. Il est discuté dans des articles de presse, des contributions académiques ou encore de volumineux rapports parlementaires. Il est un marqueur de connivences occidentalisées et de pré-occupations sino-centrées plus ou moins explicites. Toutefois, il demeure une abstraction aidant à comprendre l'évolution de l'Asie-Pacifique, son articulation avec ses bordures africaines, moyen-orientales et américaines. Mais s'il est une manière de (re)penser le monde, l'Asie, et l'Asie-Pacifique, il n'en est pas moins une idée à vocation opérationnelle, devant se décliner en synergies interétatiques, par de multiples politiques publiques voire dans des fora (inter)nationaux. Un objectif essentiel tant il est vrai qu'il couvre une zone de compétitions intenses entre puissances, pouvant devenir des confrontations politico-militaires de très haute intensité au centre de gravité du monde d'aujourd'hui et de demain (Boisseau du Rocher et Lechervy, 2025). L'I-P est un espace exigeant des ressources financières accrues, des pratiques relationnelles différentes, des partenariats renforcés et innovants.

À la vue de tels enjeux, l'Indo-Pacifique nourrit des (ré)ordonnancements administratifs, des fora ministériels inédits et de novatrices stratégies de mise en œuvre, nationales (ex. Allemagne, États-Unis, France, Lituanie, Pays-Bas, Suède, Tchéquie…) ou collectives (ASEAN, Union européenne). L'idée I-P décompartimente, mentalement et en pratique, un espace qui fut durablement segmenté par les théâtres d'opérations de la Seconde Guerre mondiale, les institutions nées de la décolonisation et de la Guerre froide. Elle se propage alors même que la région voit se multiplier des enceintes transnationales assemblant les nations d'Asie à de vastes échelles (ex. Dialogue de coopération asiatique (ACD), Organisation de coopération de Shanghai,...) mais également des institutions dévolues à des encorbeillements minilatéraux (ex. Stratégie de coopération économique Ayeyawady-Chao Phraya-Mékong (ACMECS), Initiative de la baie du Bengale pour la coopération technique et économique multisectorielle (BIMSTEC), Corridor économique Inde-Moyen-Orient-Europe (IMEC), Lancang-Mékong,...).

Il serait erroné de croire pour autant qu'au sein de l'I-P, l'Asie se replie sur elle-même. Le bouillonnement des organisations macro et micro-régionales passe, le plus souvent, par l'agrégation de compagnons extrarégionaux, permettant ainsi aux Occidentaux d'y trouver une place de membres associés, de partenaires de dialogue ou de développement. Reste à savoir si dans cet écheveau coopératif régional peuvent prospérer, voire s'institutionaliser, des plateformes interétatiques ouvertement et durablement hostiles aux Occidentaux. Une inquiétude qui fait son chemin dans certains cercles d'analystes s'inquiétant de convergences CRINK (Chine, Russie, Iran, Corée du Nord), se formalisant dans un nouveau « quatuor du chaos » et « axe du mal ». Or la disparition de l'URSS et du Comecon, ou encore la montée en puissance des partenariats avec la République populaire de Chine n'avaient, jusqu'ici, ni réellement recomposé ou unifié la zone avec autant de liens. En ce sens, le concept I-P n'est pas l'idée d'un moment. Il catalyse les tendances structurantes de ce début de XXIe siècle. Pour autant, ce concept de dix ans d'âge, ses ambitions et ses controverses n'ont pas donné naissance à une abondante littérature livresque portant le nom d'Indo-Pacifique. Ni en français, ni dans une autre langue, qu'on l'écrive en un seul mot ou avec un tiret pour souligner sa bicéphalie océanique !

Appréhender l'aire I-P est exigeant. Cela demande de maîtriser des savoirs multiples, à commencer par ceux des cardinalités de la géographie puisque l'espace dépeint s'étend des bordures orientales de l'Afrique à celles de l'occident du continent américain, met en évidence les jeux de puissance le long des routes de l'Arctique aux accès septentrionaux de l'Antarctique. Dès lors, rien d'étonnant que ce théâtre effraye par sa vastitude. Il n'apparaît comme un ensemble sur aucun des atlas édités. Il échappe au regard immédiat. C'est pourquoi, on parle souvent de lui sans le dire. À ce titre, l'essai de Paco Milhiet est une contribution audacieuse et éclairante. Il n'est d'ailleurs pas étonnant que dans cet ouvrage pionnier, comme dans bien des débats et des stratégies nourricières des États, l'idée I-P soit portée par un ancien soldat. Pour atteindre les objectifs polémologiques ou irénologiques qui leurs sont assignés, les militaires doivent penser leurs manœuvres en agissant au niveau le plus micro du champ d'affrontement et en tenant compte des réalités stratégiques les plus globales. Il ne faut pas pour autant surmilitariser le concept I-P, son narratif, sa mise en œuvre contractuelle et opérationnelle. Compte tenu des enjeux, les politiques menées au nom de l'I-P doivent être plurisectorielles, émaner des plus hautes sphères des États et avoir des effets concrets, positifs, compréhensibles pour les sociétés ; ce qui est particulièrement vrai pour un État-archipel comme la France. Si elles sont l'émanation des pouvoirs exécutifs, l'expression des ordres législatifs, il faut qu'elles donnent aussi une place aux expressions citoyennes, celles vues du monde de l'entreprise et des organisations non gouvernementales. Les dynamiques d'action I-P, ce sont des philosophies d'États ou de groupes d'États qui ont besoin d'être comprises, soutenues et enrichies par les citoyens. Elles méritent d'être enrichies, exposées, débattues, comme dans cet ouvrage avec pédagogie pour être accessibles au plus grand nombre. Elles nécessitent d'être réexposées, revisitées, actualisées à intervalles réguliers car l'I-P est un espace agité et en plein bouleversement.

Adopter une approche intellectuelle ou opérationnelle de l'I-P impose de regarder le monde et cet espace au travers de différentes focales, les nations, les interstices interétatiques, les micro et macro-régionalismes. Il nécessite de s'intéresser simultanément à l'histoire et à la prospective, aux défis militaires et environnementaux, aux affrontements d'un G2 sino-américain de plus en plus dimensionnant et aux diplomaties des micro-États, aux barrières ethniques et à la géoéconomie. En un mot, il demande de multiples compétences car l'I-P est d'abord un cadre de référence. En son sein peut s'articuler un multilatéralisme bâtissant des convergences d'actions d'une dizaine d'institutions sous-régionales, des partenariats interétatiques nouveaux. Même si les politiques induites sont souvent perçues comme devant concourir à l'endiguement terrestre, maritime, sous-marin, spatial, numérique d'une puissance chinoise aux ambitions déstabilisatrices, les spécialistes des relations internationales et les experts des sous-régions courant de l'Indianocéanie à l'Océanie perçoivent bien qu'elles sont en réalité plus que cela. Si le concept I-P est l'occasion de réécrire les récits politico-stratégiques, s'appréhende dans une géographie nouvelle, l'Indo-Pacifique a pour objectif de faire face à un monde de plus en plus fracturé et de faciliter l'élaboration de coalitions manœuvrantes.

Dans la pratique, l'I-P ouvre la voie à de nouvelles formes partenariales. Elle offre l'opportunité de donner une place plus grande aux plus petits des États et territoires dans la gestion des défis globaux les plus existentiels. Elle permet à l'Union européenne de se penser, de se poser en acteur géopolitique global. Elle peut être un instrument de dialogues avec les puissances émergentes mais également les dix pays latino-américains ayant une façade Pacifique trop souvent ignorés. L'I-P est une prophétie sur le monde de demain, produisant déjà ses effets auto-réalisateurs. Il faut donc la décortiquer pour la construire, en faire une zone de notre influence et un espace pour lequel la France, ses territoires et ses politiques sont attrayants. C'est pourquoi, on ne peut que souhaiter que l'essai de l'enseignant chercheur Paco Milhiet soit suivi de bien d'autres publications sur l'Indo-Pacifique tant dans le champ des sciences politiques que de l'économie, et n'hésitent pas à approcher le thème d'un point de vue français, hexagonal et ultramarin, mais aussi européen. Le concept Indo-Pacifique et sa mise en œuvre sont des instruments politiques, bien plus qu'un simple cadre géographique singulier.

Christian Lechervy
Ambassadeur de France en Birmanie (2018 – 2023)
Secrétaire permanent pour le Pacifique (2014-2018)

Propos liminaires à la 2e édition

Depuis la publication de la première édition de cet ouvrage en octobre 2022, l'échiquier géopolitique mondial s'est embrasé : la guerre en Ukraine s'éternise, le conflit israélo-palestinien s'est régionalisé, impliquant le Yémen et l'Iran, avec des conséquences majeures pour le commerce mondial, Donald Trump a retrouvé la Maison-Blanche et mène une politique économique à la fois protectionniste et prédatrice, tandis que des guerres civiles ravagent le continent africain, notamment au Soudan.

Autant de crises qui pourraient laisser croire à une relégation de l'Indo-Pacifique au rang de périphérie géopolitique. Il n'en est rien. En cette période d'incertitudes et de multiplications de zones de crises, le duopole sino-américain reste l'élément polarisant et structurant de l'ensemble des relations internationales. Beaucoup d'observateurs considèrent que la relation entre Pékin et Washington n'a jamais été aussi dégradée depuis la guerre de Corée, en 1950. Dans ce contexte, la région indo-pacifique demeure l'épicentre des dynamiques mondiales, où des lignes de fracture persistent, même si elles sont parfois moins visibles qu'ailleurs.

Fragmentations indo-pacifiques

En Asie du Sud-Est d'abord, la guerre civile en Birmanie, en cours depuis 2021 et aggravée par un récent tremblement de terre de magnitude 7,7 en mars 2025, accentuant une situation humanitaire déjà critique. Pour l'instant, l'Association des Nations de l'Asie du Sud-Est (ASEAN) n'a pas trouvé de solution et reste arc-boutée sur un consensus en cinq points dont l'intérêt s'étiole et dont la mise en œuvre demeure au point mort.

Autre sujet hautement clivant : l'irrédentisme chinois en mer de Chine méridionale, qui se traduit par des provocations et accrochages réguliers avec les Philippines, notamment autour du récif de Scarborough, du récif de Sabina et de l'épave du *Sierra Madre*. Les incidents – mêlant provocations, manœuvres coercitives, collisions et entraves à la navigation – entretiennent un climat de tension quasi permanent. L'ASEAN est de plus en plus critiquée à Manille pour son inertie, incapable de sortir de l'impasse des négociations sur le Code de conduite (COC), enlisées depuis des années. Cette apathie renforce l'impression d'une organisation impuissante face à la militarisation progressive de la zone.

Au sein même de l'organisation, les tensions frontalières entre la Thaïlande et le Cambodge autour du temple de Preah Vihear ont dégénéré. Après une première escarmouche fin mai 2025, qui a coûté la vie à un soldat cambodgien, les hostilités se sont intensifiées en juillet 2025, avec des combats d'une rare violence impliquant frappes aériennes, tirs d'artillerie et déplacement forcé de dizaines de milliers de civils. Un cessez-le-feu a été conclu le 28 juillet à Kuala Lumpur sous l'égide du Premier ministre malaisien Anwar Ibrahim, président en exercice de l'ASEAN, avec le soutien des États-Unis et de la Chine. Mais cet accord demeure fragile, miné par des accusations réciproques de violations. Ce différend, enraciné depuis 1907, empoisonne les relations bilatérales et menace l'unité même de l'ASEAN.

Sur le sous-continent indien, le Cachemire a de nouveau été le théâtre d'une escalade militaire en avril 2025 entre l'Inde et le Pakistan – impliquant des combats aériens d'une intensité inédite depuis plusieurs décennies. Un cessez-le-feu entre les deux pays a été signé le 10 mai 2025 sous l'égide de Donald Trump, mais les tensions persistent, nourries par un contentieux historique hérité de la partition de 1947, qui constitue le socle des nationalismes indien et pakistanais. Pékin, alliée de longue date d'Islamabad, observe attentivement la situation tout en disputant elle-même à New Delhi une partie de la frontière himalayenne, notamment l'Aksai Chin, région située dans la partie orientale du Cachemire. La France s'est retrouvée, à son insu, mêlée à cette crise, après la diffusion sur les réseaux sociaux de l'hypothèse qu'un avion Rafale indien aurait été abattu par un missile chinois. Cette rumeur a alimenté les campagnes de désinformation et mis indirectement en cause le matériel français.

À cette dégradation générale du contexte régional s'ajoute la politique commerciale prédatrice de Washington vis-à-vis des pays de la région. Les nouveaux droits de douane imposés par l'administration Trump ont durement frappé les pays de l'ASEAN – 49 % pour le Cambodge, 46 % pour le Vietnam, 32 % pour l'Indonésie – et même 25 % pour des partenaires comme le Japon et la Corée du Sud, et 50 % pour l'Inde. Ces mesures, souvent tributaires des humeurs du président américain et susceptibles d'évoluer au gré des négociations, sont généralement perçues comme unilatérales et brutales. Même Singapour, pourtant relativement épargné (10 %), a exprimé sa profonde déception : « On ne fait pas ça à un ami », a déclaré le Premier ministre Lawrence Wong.

Côté chinois, la discrétion reste de mise. Pékin avance lentement mais sûrement ses pions, apparaissant parfois comme un partenaire plus fiable et stable que les États-Unis de Donald Trump. Parallèlement, la Chine poursuit ses objectifs de grande politique étrangère avec constance et sans éclats inutiles. Le 18 octobre 2023 à Pékin s'est ainsi tenu le grand sommet des Nouvelles Routes de la Soie (*Belt and Road Initiative Forum*) marquant le 10e anniversaire de l'initiative. En 2025, environ 155 pays y participent, auxquels s'ajoutent 32 organisations internationales. Cela inclut la quasi-totalité des pays d'Afrique, d'Asie (à l'exception de l'Inde, du Japon, d'Israël et du Bhoutan), ainsi que des nations d'Europe, d'Amérique latine et d'Océanie. Principale cible des mesures tarifaires de l'administration Trump 2.0, la Chine n'a pas fléchi et a répliqué par des contre-mesures ciblées susceptibles d'affecter durement l'industrie américaine, notamment dans le secteur stratégique des terres rares.

Dans ce contexte, la France, puissance résidente de l'Indo-Pacifique, est elle aussi confrontée aux fragmentations géopolitiques mondiales. L'Europe traverse une crise existentielle : elle peine à peser sur le conflit en Ukraine, subit un accord hautement défavorable imposé par son principal « allié » américain, tandis que Paris réorganise son dispositif militaire en Afrique, fermant toutes ses bases (hormis Djibouti) et cédant du terrain à d'autres acteurs. Face à ces bouleversements majeurs, quelle place occupe l'Indo-Pacifique dans la hiérarchie des priorités stratégiques françaises ?

Une stratégie indo-pacifique française renouvelée

Depuis son élaboration en 2018 par le président de la République, la France poursuit le déploiement d'une stratégie indo-pacifique dynamique et multimodale. En première ligne, Emmanuel Macron n'a pas ménagé ses efforts. En l'espace de 3 ans, il s'est ainsi rendu en Thaïlande pour le sommet de l'APEC en 2022, a organisé – sous présidence française de l'UE – un forum ministériel pour la coopération en Indo-Pacifique réunissant une soixantaine de ministres européens et régionaux. Il a également effectué une tournée diplomatique en Océanie, avec des étapes au Vanuatu et en Papouasie-Nouvelle-Guinée en 2023, ainsi que des visites en Asie du Sud, notamment au Sri Lanka et au Bangladesh, puis dans l'océan Indien, à Madagascar notamment (2025). À chaque fois, les grands axes de la stratégie indo-pacifique française ont été mis en avant par le Président. Point d'orgue de cette séquence, la participation du chef de l'État au 22e Dialogue de Shangri-La, principal forum régional consacré aux questions de sécurité, où il a été invité à prononcer le discours d'ouverture – une première pour un chef d'État européen.

Autre personnalité importante, le ministre des Armées, Sébastien Lecornu – ancien ministre des Outre-mer et fin connaisseur des dossiers indo-pacifiques – a lui aussi multiplié les déplacements et les initiatives dans la zone : participation au Shangri-La Dialogue, organisation du sommet des ministres de la Défense du Pacifique à Nouméa, visite du porte-avions *Charles de Gaulle* lors de l'escale à Lombok. Et les résultats sont tangibles, notamment en matière d'exportations d'armement. Après la commande de 80 Rafale par les Émirats arabes unis en 2021, l'Indonésie a confirmé l'acquisition de 42 appareils et 2 sous-marins de classe Scorpène. L'Inde, principal client d'armement français dans la région, a vu entrer en service 6 sous-marins Scorpène « indianisés » produits à Bombay, tandis que 36 Rafale lui ont été livrés entre 2020 et 2022. En 2023, à l'issue du 14 juillet où le Premier ministre Narendra Modi était l'invité d'honneur, l'achat de 3 sous-marins supplémentaires et de 26 avions Rafale a été annoncé.

Ce dynamisme diplomatique et économique s'accompagne de déploiements opérationnels et d'exercices militaires d'ampleur dans la zone. Les missions « Pégase » de l'armée de l'air française par exemple, projettent annuellement depuis 2018 plusieurs centaines d'aviateurs et des dizaines d'aéronefs, dont des Rafale, en Asie du Sud-Est et dans le Pacifique. En 2025, dans le cadre de la mission Clemenceau, le porte-avions *Charles de Gaulle* et son groupe aéronaval – comprenant une trentaine d'aéronefs et 5 navires de guerre, soit près de 3 000 militaires – ont navigué pendant 150 jours, de la Méditerranée aux confins du Pacifique occidental. Ce déploiement a renforcé à un niveau inédit les partenariats de la Marine nationale avec des escales remarquées en Indonésie, aux Philippines, à Singapour et en Inde. Le groupe aéronaval constitue un levier politique et stratégique majeur pour affirmer les ambitions françaises dans la région.

Traduction doctrinale de cette diplomatie multimodale, la stratégie indo-pacifique a fait l'objet d'une actualisation en 2025, plaçant au cœur de ses priorités les collectivités françaises de la région.

Une stratégie plus « indo » que « pacifique » ?

Point central et fil d'Ariane de notre ouvrage, l'exercice de la souveraineté française en Indo-Pacifique caractérise et légitime la stratégie de l'État dans la région. La France dispose en effet d'atouts singuliers dans l'Indo-Pacifique : 93 % des 11 millions de km² de la ZEE française s'y situent, près de 1,7 million de citoyens français vivent dans les collectivités françaises de l'Indo-Pacifique (CFIP), 8 000 filiales d'entreprises y sont implantées et 7 000 militaires y sont stationnés en permanence. Parmi les 70 pays riverains de l'Indo-Pacifique, 16 ont une frontière maritime avec la France, qui est par ailleurs le dernier pays membre de l'UE à y exercer sa souveraineté. Les CFIP constituent ainsi un pilier majeur de cette ambition géopolitique visant à positionner la France comme une puissance globale, légitime et crédible.

Si ces caractéristiques sont intégrées dans la nouvelle stratégie, l'exécutif reste discret sur un élément tout aussi déterminant : la détérioration de certaines situations géopolitiques internes, qui fragilise l'ensemble de la posture nationale. Autrement dit, l'ambition régionale et les efforts diplomatiques de la France sont de plus en plus compromis par la crise politique en cours en Nouvelle-Calédonie. Cette collectivité, sous souveraineté française depuis 1853, est marquée par des clivages historiques et identitaires profonds. Son paysage politique est marqué par une bipolarité entre partisans et opposants à l'indépendance, entraînant des troubles politiques récurrents. Le dernier épisode en date, survenu en mai 2024, a été une flambée de violences et de troubles intenses, causant la mort de 14 personnes, dont 2 gendarmes, et provoquant une grave crise économique et institutionnelle (500 entreprises détruites, 10 000 emplois perdus et une chute de 10 à 15 % du PIB).

À court de solutions pour régler un conflit sans fin, la France semble aujourd'hui concentrer ses priorités sur la composante « océan Indien », même si cela n'est pas formulé publiquement. Ainsi, l'Inde est devenue le principal partenaire indo-pacifique, tandis que l'Australie – pourtant un allié clé dans le Pacifique Sud – a été reléguée au second plan depuis l'AUKUS. Le déploiement du porte-avions *Charles de Gaulle* en 2025, bien que labellisé « indo-pacifique », s'est largement concentré sur l'océan Indien (exercices La Pérouse et Varuna) et n'a fait qu'une brève incursion dans l'extrême-ouest du Pacifique, au large du Japon. Sur ces trois dernières années, le Président a multiplié les visites marquantes en Asie du Sud et dans le sud-ouest de l'océan Indien.

Certains dossiers dans la zone restent néanmoins sensibles. C'est particulièrement le cas des questions de souveraineté contestée à Mayotte et aux îles Éparses, qui ont donné lieu à des passes d'armes entre Emmanuel Macron et ses homologues malgache et comorien lors du dernier sommet de la Commission de l'océan Indien en mars 2025. À cet égard, il est notable que la commission mixte franco-malgache chargée de définir des solutions communes sur les îles Éparses se soit soldée par un échec en juin 2025.

Néanmoins, il semblerait que la stratégie indo-pacifique française penche désormais plus vers l'océan Indien, tandis que les intérêts français se dégradent relativement dans le Pacifique. Pourtant, en 2018, rien ne présageait d'une telle situation. Le discours inaugural théorisant la stratégie indo-pacifique française avait été proclamé solennellement par Emmanuel Macron à Nouméa, illustration de l'importance accordée à cette collectivité stratégique. Sept ans plus tard, après trois référendums d'autodétermination, deux visites présidentielles, et une période d'émeutes dévastatrices pour l'économie locale, il est désormais moins question de géostratégie que d'évolution statutaire, de réforme constitutionnelle et de relance économique. La crise politique et institutionnelle en Nouvelle-Calédonie compromet l'ambition régionale et les efforts diplomatiques français. Après les émeutes de mai 2024, plusieurs dirigeants internationaux, y compris au sein du Forum des îles du Pacifique, ont exprimé leur soutien aux revendications indépendantistes kanak et critiqué la gestion française du processus de décolonisation.

Pourtant, malgré une histoire tumultueuse, Paris n'a pas ménagé ses efforts pour redorer son image dans le Pacifique océanien. Sa diplomatie proactive est appréciée par ses partenaires et se traduit par des actions concrètes : aide au développement, lutte contre le réchauffement climatique et assistance humanitaire lors de catastrophes naturelles. Le réseau diplomatique s'est d'ailleurs renforcé ses dernières années avec la nomination d'une ambassadrice à vocation régionale, l'ouverture d'une ambassade aux Samoa, et l'arrivée au Vanuatu d'un ambassadeur particulièrement actif, ancien directeur du think-tank du ministère des Armées.

Au niveau opérationnel, les forces armées françaises mènent dans la région des missions d'utilité publique, telles que la protection des espaces maritimes, la lutte contre la pêche illégale, l'affirmation de la souveraineté, les évacuations sanitaires.

Mais l'instabilité chronique en Nouvelle-Calédonie met à mal l'ensemble de l'action de l'État dans la région. Si l'accord de Bougival, signé le 12 juillet 2025 entre l'État et 18 responsables politiques calédoniens, laisse entrevoir un espoir de retour à la stabilité, sa mise en œuvre reste très incertaine. À peine un mois plus tard, le 13 août 2025, le FLNKS, principale force indépendantiste, rejetait finalement l'accord. Si l'État, par la voix du ministre des Outre-mer, Manuel Valls, a annoncé poursuivre le processus de concrétisation de l'accord, celui-ci reste encore long et semé d'embûches : adoption d'une loi organique spéciale, révision constitutionnelle, référendum local sur l'accord, élections provinciales, et enfin adoption d'une loi fondamentale par le Congrès calédonien – un agenda juridique et électoral chargé, sur fond de tensions locales et d'instabilité gouvernementale à l'échelle nationale.

Si l'accord de Bougival devait néanmoins aboutir, les conséquences de cette évolution institutionnelle pourraient aussi s'étendre à d'autres territoires de l'Indo-Pacifique français. La Polynésie française est évidemment concernée, en tant que collectivité qui bénéficie d'un statut d'autonomie comparable à celui de Nouvelle-Calédonie, et où un président indépendantiste est actuellement au pouvoir.

Des problématiques internationales, nationales et locales se superposent donc dans l'Indo-Pacifique, un champ disciplinaire complexe, protéiforme et d'une actualité brûlante.

En 2022, nous concluions la première édition de notre ouvrage en indiquant que le sujet de l'Indo-Pacifique « ne faisait que commencer ». Nous abordons cette seconde édition en constatant qu'en l'espace de trois ans, le sujet s'est largement développé et qu'il convient plus que jamais d'en suivre les évolutions.

Paco Milhiet,
août 2025, Singapour

Introduction

Chaque dénomination géographique recouvre des ambitions politiques, l'Indo-Pacifique, nouveau leitmotiv des relations internationales, ne déroge pas à la règle.

Espace géographique, maritime et terrestre, englobant les océans Indien et Pacifique et s'étendant à l'ensemble des pays riverains de la zone, l'Indo-Pacifique est surtout une construction régionale, redéfinissant les nouveaux rapports de force entre les différents acteurs des relations internationales de cette région, et qui vise principalement à contenir la montée en puissance de la Chine. Le terme « Indo-Pacifique », emprunté à la biologie marine, n'est pas un nouveau cas d'étude géopolitique. Théorisé dès le début du XXe siècle par le maître à penser de l'école géopolitique allemande, Karl Haushofer (1869-1946), certains pays adoptent pendant la Seconde Guerre mondiale des stratégies intégrant simultanément les deux océans Indien et Pacifique (États-Unis, Grande-Bretagne, Japon). En 1948, la notion est institutionnalisée à l'ONU dans le cadre d'un Conseil indo-pacifique des pêches. Des organismes publics australiens ont continué à utiliser le terme jusque dans les années 1960. Puis la notion a été peu à peu abandonnée au profit de schèmes géostratégiques concurrents : Extrême-Orient, Asie-Pacifique, bassin Pacifique.

L'expression Indo-Pacifique est redéveloppée dans diverses chancelleries depuis 2007, d'abord au Japon, puis en Inde, en Australie et aux États-Unis. Si chaque acteur caractérise et interprète la nomenclature en fonction de ses intérêts propres (Grare, 2019), la récente popularité de la notion de l'Indo-Pacifique témoigne néanmoins de plusieurs évolutions géopolitiques notables. D'abord, elle marque la prépondérance du continent asiatique dans les relations internationales, combinée à la maritimisation de l'économie au XXIe siècle (Royer, 2012). Ensuite, contrairement à l'Asie-Pacifique, l'Indo-Pacifique intègre l'Inde, ainsi que le monde insulaire de l'océan Indien, à l'architecture régionale sécuritaire de ce vaste espace (Saint-Mézard, 2022). Enfin, cette nouvelle nomenclature met en exergue la rivalité sino-américaine comme élément structurant et polarisant de l'ensemble des relations internationales dans la région. L'adoption du concept Indo-Pacifique devient un moyen pour différents acteurs de limiter le développement de l'influence chinoise (Jaknanihan, 2022).

La portée sino-centrée du concept est bien comprise. Ainsi, les partenaires de la Chine (Russie, Pakistan, Corée du Nord) n'adoptent pas directement le concept, tandis que les alliés historiques américains (Australie, Japon) en ont été les initiateurs.

Le 3 mai 2018 en Australie, Emmanuel Macron officialise le ralliement de la France à la stratégie Indo-Pacifique. Depuis cette date, le président de la République et les différentes autorités françaises concernées font systématiquement référence à ce concept lorsqu'ils s'expriment sur des questions relatives aux géopolitiques de l'Asie, de l'océan Indien et du Pacifique océanien.

La France, une « grande puissance moyenne » selon les termes de Valéry Giscard d'Estaing, est *a priori* peu concernée par cette région du monde si éloignée du territoire métropolitain. Elle possède pourtant la deuxième plus grande zone économique exclusive au monde (ZEE) grâce aux collectivités françaises de l'Indo-Pacifique (CFIP) : la Polynésie française, Wallis-et-Futuna, la Nouvelle-Calédonie, La Réunion, Mayotte, les Terres australes et antarctiques françaises (TAAF), auxquelles il convient d'ajouter l'île de la Passion-Clipperton qui relève du domaine public de l'État. Près de 7 000 militaires français y sont déployés en permanence. Parmi les 70 pays riverains de l'Indo-Pacifique, 16 pays ont une frontière maritime avec la France. Brexit oblige, elle reste le dernier membre de l'Union européenne (UE) souverain dans la zone.

Pour l'État français, les objectifs sont clairs : justifier sa présence régionale et apparaître comme une puissance mondiale et maritime. Localement pourtant, cette nouvelle doctrine stratégique ne fait pas l'unanimité. Outre l'abstraction sémantique liée à l'Indo-Pacifique, les CFIP sont déjà confrontées à de nombreux enjeux régionaux. Elles ont souvent développé leurs propres narratifs géopolitiques. Certaines, comme la Polynésie française ou la Nouvelle-Calédonie, disposent même d'un statut d'autonomie assez large pour entretenir des relations extérieures, notamment avec la Chine, sans nécessairement y associer l'État. Sans avoir été consultées préalablement, l'adoption de la stratégie de l'Indo-Pacifique français les place à la confluence d'intérêts géopolitiques concurrents. Longtemps éloignées des grandes problématiques géostratégiques mondiales, l'émergence du nouveau schème stratégique place ces collectivités au cœur des grands enjeux géopolitiques du XXIe siècle.

Les problématiques liées à l'Indo-Pacifique sont donc à la fois différenciées et imbriquées à toutes les échelles d'analyse : internationale, nationale et locale. Autant de représentations multiscalaires et diachroniques d'un même espace étudié que nous avons tenté d'expliciter dans cet ouvrage.

L'INDO-PACIFIQUE, UNE CONSTRUCTION GÉO-POLITIQUE POUR CONTENIR LE DÉVELOPPEMENT DE LA CHINE

L'Indo-Pacifique a été initié et promu par les États-Unis, l'Australie, le Japon et la République de Corée. Pourquoi ? Vous connaissez la réponse. La réponse est pour contenir la Chine. Ce n'est même pas caché.

Sergueï Lavrov, Discours au Raisina Dialogue, New Delhi 2020

L'ascension économique de la République populaire de Chine (RPC) depuis le début des années 1980 modifie les rapports géopolitiques internationaux. Les multinationales chinoises investissent massivement en Afrique et jouent un rôle majeur dans des secteurs stratégiques comme l'extraction de ressources, les parcs industriels et les infrastructures (ports, chemins de fer). En Eurasie, Xi Jinping et Vladimir Poutine ont opéré un rapprochement bilatéral important, consolidé par le soutien implicite de la Chine face à l'invasion russe de l'Ukraine. En Asie, la réorganisation régionale se construit autour des intérêts chinois, à l'heure où Donald Trump impose des tarifs douaniers de manière indiscriminée. En Amérique latine la diplomatie chinoise mène une offensive économique et concurrence directement l'influence des États-Unis. Les Nouvelles routes de la soie, projet transnational initié par Xi Jinping en 2013, matérialisent cette phase de développement et d'ouverture internationale inédite.

Les océans Indien et Pacifique n'échappent pas à ce phénomène en tant que zones éruptives des tensions internationales. Les États-Unis et leurs alliés entendent y limiter l'influence grandissante de la Chine.

Plus qu'une région géographique homogène, l'Indo-Pacifique est d'abord une construction régionale, une réaction stratégique au développement des ambitions multimodales chinoises. Si l'aire géographique des différentes doctrines de l'Indo-Pacifique diverge fortement d'un pays à l'autre, leurs orientations stratégiques visent à contenir la montée en puissance de Pékin.

Espace info-pacifique, océans sinisés

要想富,先修路, Yào xiǎng fù, xiān xiū lù
(Si tu veux être riche, construis d'abord une route)
Proverbe chinois

Avec un territoire de plus de 9 millions de km^2, la Chine s'est souvent suffi à elle-même. Les sinologues et historiens l'envisagent fréquemment comme un empire continental (Gourou, 1953), caractérisé par l'immensité de son territoire, une histoire plurimillénaire, une forme d'autarcie culturelle et de tradition confucéenne rétive aux influences étrangères.

Pourtant, l'ancrage continental de la Chine ne s'est pas fait au détriment de sa façade maritime (Gipouloux, 2018). Le littoral chinois a toujours constitué une ouverture naturelle sur les mers péricontinentales de Chine et sur l'océan Pacifique. Ancienne puissance thalassopolitique sous les dynasties Tang (618-907), Song (960-1279) et Ming (1368-1644), l'exemple le plus significatif de la tradition maritime chinoise est sans conteste celui de l'amiral Zheng He, qui de 1405 à 1433 a mené sept expéditions maritimes jusqu'en Arabie et Afrique de l'Est. Depuis l'embouchure du fleuve Yang Tsé, les *baochuan* (jonques chinoises) pouvant transporter jusqu'à 2000 personnes ont bénéficié des vents de mousson et atteint le Champa, Bornéo, Java, Malacca, Sumatra, Ceylan, Calicut, Ormuz, Aden, Djeddah, Mogadiscio et les côtes orientales du sud de l'Afrique. Héritières d'une grande tradition maritime, les jonques profitèrent d'avancées techniques considérables (coque à compartiment étendu, gouvernail d'étambot, boussole marine, gouvernail contrepesé, voile au gréement aurique) et composèrent la marine de guerre la plus développée de l'époque, suscitant l'admiration des Portugais à Macao au début du XVIe siècle (Needham, 1986). Un siècle plus tard, le pirate sino-japonais Koxinga s'empara de Taiwan et menaça les Philippines. Sa maîtrise du pourtour maritime chinois constitua même une menace pour l'autorité centrale de Pékin. Jamais le régime chinois ne fut aussi proche d'un basculement thalassopolitique.

À partir de 1949, le régime communiste, méfiant à l'égard d'un littoral influencé par les idées étrangères et traditionnellement rebelle, privilégia l'industrialisation des terres intérieures.

Avec l'ouverture du marché chinois aux capitaux étrangers à partir de 1978, le littoral redevient l'espace privilégié des échanges. La façade maritime représente seulement 14 % de la superficie du pays, mais elle concentre 45 % de la population totale, soit une densité démographique trois fois supérieure à celle de la moyenne nationale. Le littoral génère près de 60 % du PIB chinois, 82 % des investissements des entreprises étrangères et 84 % des exportations (Sanjuan, 2018). La Chine a désormais conscience de sa vocation maritime et de ses défis : 15 000 km de côte, 11 000 îles, plus de 200 ports. Héritage maoïste oblige, il fallait pour Pékin développer un slogan volontariste pour matérialiser cette nouvelle ambition.

Les Nouvelles routes de la soie maritimes

Initié par Xi Jinping en 2013, le projet des Nouvelles routes de la soie répond à une double ambition : une ceinture économique terrestre permettant d'unifier le continent eurasien sous égide chinoise et une route maritime assurant des débouchés commerciaux et la sécurisation de l'approvisionnement en matières premières. Ce projet marque symboliquement la fin d'un système unipolaire dominé par les États-Unis. Jamais depuis la fin de la Guerre froide en 1991, une puissance concurrente ne s'était donné les moyens de développer un projet transcontinental en dehors de la sphère d'influence américaine. Selon les autorités chinoises, près de 107 pays dans le monde auraient signé des accords labellisés « Nouvelles routes de la soie ».

L'État stratège chinois profite donc de son économie florissante pour appuyer ses objectifs géopolitiques. La RPC a recours aux investissements et aux crédits pour écouler son surplus commercial et financier dans des projets d'infrastructures en Chine, mais aussi à l'étranger. Les autorités de Pékin capitalisent sur des excédents financiers colossaux pour investir dans des projets d'infrastructures partout dans le monde (Godement, 2025). Pilotées par le gouvernement, les multinationales chinoises (Huawei, Sinopec, Tencent, COSCO, China Communications Construction, etc.) s'affranchissent des contraintes géographiques pour tisser leur emprise sur le capitalisme mondial.

L'espace Indo-Pacifique est une cible de cette stratégie, car il permet à la Chine de renforcer sa maîtrise sur le processus d'acheminement des matières premières, tout en s'assurant une route sûre vers les marchés d'exportation. Plus de 80 % des produits importés par la Chine transitent par la mer de Chine et donc par les détroits d'Asie du Sud-Est, notamment celui de Malacca. En résulte une grande vulnérabilité en cas de crise majeure. En cas de blocus, la sécurité énergétique de la Chine serait directement impactée. L'objectif de Pékin est donc de s'affranchir de cette contrainte, parfois qualifiée de « dilemme de Malacca ».

Les routes de la soie terrestres ou « ceintures eurasiatiques » s'articulent en trois voies principales :

– La route au départ de Yiwu reliant l'Europe du Nord *via* Wuhan, Chongqing, Chengdu, le Kazakhstan, la Russie, la Biélorussie et la Pologne. Elle est la plus utilisée.

– La route passant par la Mongolie pour rejoindre le Transsibérien.

– Une troisième route qui traverse le Kazakhstan et se prolonge vers la Turquie et l'Iran.

Des projets de pipelines et d'oléoducs *via* l'Asie centrale sont en cours, mais ils engendrent des discussions houleuses entre les États concernés, et un surcoût lié au transport. Le fret ferroviaire est en constante progression, mais coûte presque trois fois plus cher et ne se substituera pas au fret maritime. La Chine cherche donc également à développer des corridors maritimes pour diversifier l'accès à l'océan Indien, s'affranchir du dilemme de Malacca et éviter la mer de Chine, très disputée et convoitée parmi les grandes puissances.

Trois grands projets en cours répondent à cet impératif thalassopolitique :

– Le China-Pakistan Economic Corridor (CPEC).

– Le corridor indochinois, l'extension du domaine d'influence chinois en Asie du Sud-Est.

– Le corridor Bangladesh-Chine-Inde-Myanmar : les tensions sino-indiennes persistantes, et le contexte interne dégradé au Myanmar et au Bangladesh entravent pour l'instant ce projet.

Les Nouvelles routes de la soie ne se limitent pas aux corridors maritimes en Asie. En 2017, la diplomatie chinoise faisait la promotion de trois « passages économiques bleus », comme composantes des Nouvelles routes de la soie maritimes :

– Un passage Chine-Océanie-Pacifique Sud.

– Un passage Chine-océan Indien-Méditerranée.

– Un passage arctique qui correspond à la nouvelle route maritime au nord de la Russie reliant Asie et Europe.

Les quatre points cardinaux du bassin indo-pacifique sont donc concernés par les routes de la soie maritime : Afrique orientale, Amérique du Sud, Arctique et même Antarctique.

Des espaces insulaires sous haute tension

À l'exclusion de l'Inde et du Bhoutan, la RPC a réglé la plupart de ses litiges frontaliers terrestres avec ses voisins (Duchâtel, 2019).

– Dans les années 1960, une première série de traités sont signés (Birmanie, Népal et Afghanistan en 1960, Pakistan en 1963, Mongolie en 1964 et Corée du Nord en 1966).

– Puis dans les années 1990, avec le Laos en 1990, la réconciliation sino-russe de 1989 et les négociations sur la frontière du lac Amour en 1991. Plus récemment, des accords ont été conclus avec le Vietnam en 2000 et avec les trois nouveaux voisins issus de l'éclatement de l'URSS (Kazakhstan et Kirghizstan en 1994, Tadjikistan en 1999).

Les frontières de la Chine contemporaine lui ont néanmoins été imposées par les puissances coloniales au XIXe siècle. Sa crédibilité internationale lui commande une remise en cause habile et opportuniste de ces traités historiques, jugés inégaux et illégaux. Les contentieux frontaliers deviennent autant de moyens de pression politique dans les relations bilatérales. La Chine pilote habilement ses conflits territoriaux, stimule le nationalisme passionnel de sa population tout en favorisant ses objectifs géopolitiques internationaux. Les tensions frontalières deviennent une variable d'ajustement de sa politique extérieure et elle a parfois intérêt à les aviver plutôt qu'à les régler. C'est le cas en mer de Chine où la RPC entreprend un expansionnisme maritime depuis la fin du XXe siècle qui inquiète tous ses voisins. Pékin reprend à son compte les revendications des « neuf traits », élaborées en 1947 par le gouvernement de Taiwan et reprises par la RPC en 1962. Les revendications chinoises en mer de Chine méridionale portent ainsi principalement sur quatre archipels (the four shas 四沙) : les îles Spratleys (Nansha, 南沙), les îles Paracels (Xisha 西沙), les îles Pratas(Dongsha 东沙), ainsi que sur le haut-fond de Macclesfield et des récifs comme Scarborough (Zhongsha 中沙). Une partie de l'archipel indonésien des Natuna est même incluse dans la ligne des neuf traits.

En mer de Chine orientale, les diplomaties chinoise et japonaise se querellent sur la souveraineté des îles Diaoyu/Senkaku, un archipel qui se trouve à 120 milles nautiques de Taiwan et 200 milles nautiques de la Chine et du Japon et séparé des îles Ryukyu par la fosse marine d'Okinawa.

À l'exception des accords signés en 2000 avec le Vietnam dans le golfe du Tonkin, aucun des conflits maritimes engageant la RPC n'a été réglé. Les revendications sont multiples et concernent plusieurs pays : la Chine, le Vietnam, la Malaisie, l'Indonésie, les Philippines, Brunei, le Japon.

Les rivalités géopolitiques dans le pourtour maritime chinois exacerbent l'irrédentisme du gouvernement de Pékin. Si les convoitises s'aiguisent et que de nombreux accrochages ont eu lieu autour de ces poussières insulaires, les tensions ne sont en rien comparables à celles qui entourent l'île de Formose, épicentre des rivalités géopolitiques mondiales au XXIe siècle.

Taiwan est un territoire insulaire à peine plus grand que la Corse et la Sardaigne réunies. Sa population est de culture chinoise, 97 % des Taiwanais sont d'origine Han, descendants de migrants chinois venus du continent. Pourtant l'île n'a été rattachée administrativement à la Chine continentale que sous la période Qing à partir de 1683. Par ailleurs, depuis 1895, les deux entités n'ont partagé un même gouvernement que durant quatre ans (1945-1949). À la suite de la débâcle de 1949 en Chine continentale, les partisans nationalistes de Chiang Kaï-shek (Jiang Jieshi) et ses alliés se sont réfugiés sur l'île, comme l'avaient fait les loyalistes Ming 400 ans avant eux. Si la Chine continentale et l'île de Taiwan sont *de facto* gouvernées par deux entités différentes (la RPC en Chine continentale et la République de Chine-ROC à Taiwan), le gouvernement de Pékin revendique toujours la pleine souveraineté sur Taiwan. Protégée par les États-Unis depuis 1954 par le Mutual Defense Act (accord de défense mutuelle), le régime de Taipei a néanmoins progressivement vu son influence internationale décliner au profit de la Chine communiste, perdant notamment son siège à l'ONU en 1971.

Le détroit de Taiwan est donc le théâtre d'une intense activité militaire rapidement inflammable comme ce fut le cas en 1996 lors de la crise de Kinmen, une île au large de Xiamen. À l'époque, Pékin avait effectué deux séries de tirs de missiles et déployé 150 000 hommes sur les côtes du Fujian pour s'opposer à la politique indépendantiste de Lee Teng-hui. Les États-Unis avaient répliqué en déployant deux porte-avions dans le détroit de Formose, calmant ainsi les ardeurs chinoises.

Mais, les tensions entre gouvernements de Pékin et de Taipei perdurent et sont même aggravées dans le courant de l'année 2020 avec la réélection de Tsai Ing-wen à Taiwan, connue pour ses positions pro-indépendantistes. Entre janvier et novembre 2020, la défense taiwanaise a constaté 380 incursions chinoises dans sa zone d'identification aérienne. Aux provocations militaires régulières et constantes, s'ajoute la rivalité autour de l'industrie des semi-conducteurs dont Taiwan est le premier producteur mondial. En août 2022, la situation s'est considérablement détériorée à la suite de la visite sur l'île de Nancy Pelosi, troisième personnalité politique dans l'ordre protocolaire américain. En représailles, les autorités de Pékin ont procédé à une vaste démonstration de force incluant des tirs de missiles armés autour de l'île. Des chasseurs de combat et des bâtiments navals ont également fait de multiples incursions au-delà de la ligne médiane du détroit. Si ce n'est pas la première fois que le Parti communiste chinois (PCC) exprime une brutalité militaire face à ce qu'il considère comme une provocation américaine, cette crise, la plus importante depuis plusieurs décennies, fait craindre le déclenchement d'une confrontation directe entre la RPC et la ROC. Or, une crise dans le détroit de Formose impliquerait *de facto* les États-Unis, dont l'engagement en matière de sécurité envers Taiwan a d'abord été formalisé par le traité de défense mutuelle de 1954, puis maintenu après la reconnaissance de la RPC en 1979 *via* le Taiwan Relations Act, qui établit un cadre juridique permettant aux États-Unis de soutenir Taiwan sans reconnaissance diplomatique formelle.

Élu en 2024, le président William Lai, pro-indépendantiste lui aussi, ne dispose pas d'une majorité absolue au Parlement, contrairement à sa prédécesseuse. Il doit ainsi affronter un triple défi. Sur le plan intérieur, il évolue dans un climat politique particulièrement polarisé, face à une opposition déterminée à freiner chacune de ses initiatives. Sur le plan extérieur, Pékin le qualifie de « dangereux séparatiste » en raison de son refus d'adhérer au consensus d'une seule Chine. Enfin, l'incertitude internationale s'amplifie avec le retour de Donald Trump à Washington, qui pourrait ébranler la fiabilité du soutien américain à Taiwan face aux ambitions chinoises.

Autre situation insulaire explosive, celle de Hong Kong. En 1997, la Chine pensait avoir définitivement remis la main sur ce territoire qui lui avait été arraché par la puissance britannique en 1842. Le régime juridique spécifique et le statut de région administrative spéciale permettaient de réintégrer progressivement les populations occidentalisées dans le giron chinois, tout en disposant des avantages d'une place financière au régime plus souple. Les récentes manœuvres juridiques de Pékin pour accélérer le processus de normalisation ont cependant déclenché des vagues de protestations inédites et une répression féroce sous le feu des critiques internationales. Malgré une mise au pas progressive, Hong Kong demeure radicalement différente des autres provinces chinoises : le sens de circulation, la monnaie, la langue, le système politique pluriel comme le système juridique de la *Common Law*. C'est donc sur une autre île que Pékin cherche à valoriser ses atouts maritimes, l'île de Hainan.

Historiquement rattachée à la province du Guangdong, Hainan a le statut de zone économique spéciale depuis 1988. Sanya, la plus grande ville de l'île, est devenue un hub touristique majeur et ambitionne de concurrencer d'autres grandes destinations balnéaires comme Bali ou Phuket. Hainan est aussi un laboratoire économique du libre-échange (Goulard, 2015). L'annonce en 2018 du Président Xi Jinping d'y établir une zone franche économique laisse entrevoir l'ambition de concurrencer Hong Kong et sa juridiction particulière. Outre sa vocation touristique et économique, Hainan est un territoire stratégique qui abrite la base de sous-marins de Longpo avec son gigantesque tunnel et ses infrastructures dissimulant une flotte de sous-marins nucléaires lanceurs d'engins (SNLE) de type 094 Jin.

Hainan concrétise ainsi l'ancrage indo-pacifique chinois en devenant une plateforme stratégique et commerciale indispensable aux ambitions géopolitiques chinoises. Elle témoigne de la double ambition du gouvernement de Pékin : devenir influent par des moyens non coercitifs tout en développant un outil militaire opérationnel.

Les ambitions océaniques de la Chine

La RPC, puissance nucléaire, dispose du plus grand effectif militaire au monde avec plus de 2 millions d'hommes au sein de l'Armée populaire de libération (APL), dont 240 000 dans la marine. La transcription de l'ambition thalassopolitique chinoise s'est aussi opérée dans l'armée. Le Livre blanc de 2015 fait de la mer un élément de stratégie prioritaire. L'APL affiche l'ambition de devenir une puissance océanique capable d'opérer loin de son littoral (*Blue Navy Water*).

L'objectif est de protéger l'intégrité territoriale du pays et pérenniser la présence maritime de la Chine sur tous les océans. La marine chinoise compte près 700 bâtiments militaires, l'inventaire est impressionnant : 15 destroyers 052D et 055 de 12 000 tonnes, une cinquantaine de frégates, plus de 150 patrouilleurs, 4 porte-hélicoptères de type 075, 3 porte-avions dont le dernier est de conception chinoise. Aux 70 sous-marins actuellement en service, s'ajoutent 4 à 6 SNLE. À titre de comparaison, l'US Navy compte 360 bâtiments. L'avantage numérique chinois est toutefois à nuancer, car la flotte américaine dispose d'un tonnage plus conséquent, et surtout d'un avantage technologique avec notamment ses 11 porte-avions à propulsion nucléaire et 14 SNLE. En 2017, la RPC a inauguré sa première base militaire permanente à l'étranger, à Djibouti. Présentée comme une base logistique pour les opérations de contre-piraterie et de rapatriement, des installations souterraines sont néanmoins capables d'accueillir 10 000 hommes. Le stationnement de l'infanterie marine de l'APL, le déploiement de chars amphibies ZTL-11, de véhicules d'infanterie ZBL-08 et la capacité portuaire d'accueillir un porte-avions inquiètent les puissances régionales, notamment la France et les États-Unis qui disposent également d'une base à Djibouti.

La Chine possède donc des capacités militaires opérationnelles conséquentes. Faut-il en conclure que la RPC serait un État belliqueux ? Historiquement, la Chine n'a jamais eu de possessions loin de ses frontières à défendre. La civilisation chinoise a rayonné sur une large partie du continent asiatique pendant plusieurs siècles avec le système tributaire, organisation politique internationale centrée sur la Chine pendant plus de 2 000 ans (Joyaux, 2012). Mais ce système, essentiellement commercial, empreint de rituels et de symboles, était considéré par l'empereur chinois comme un don du ciel. La rentabilité économique y était moins recherchée que le prestige symbolique et les différents acteurs politiques au sein du système étaient largement autonomes, souvent indépendants. Depuis 1949, à l'exception de quelques contentieux frontaliers, rares sont les conflits déclenchés par la Chine, surtout vis-à-vis des Occidentaux. La RPC n'impose des sanctions économiques à aucun pays et ne dispose que d'une base militaire à l'étranger, contre 725 installations américaines dans plus de 150 pays.

La Chine reste avant tout un empire autocentré, et son rapport au monde extérieur est celui de la muraille, de la protection de ses intérêts. En revanche, le sentiment d'humiliation reste fort depuis les guerres de l'Opium du XIXe siècle et le démantèlement de l'Empire Qing en 1911. Le souvenir du martyr chinois et des exactions de l'armée japonaise entre 1931 et 1945 dans l'est de la Chine brouille encore les relations sino-japonaises. De plus, le soutien diplomatique et militaire des Américains à Taiwan entretient un sentiment d'ingérence occidentale permanente en Asie. La façade maritime asiatique est dominée par la marine américaine et explique la modernisation de la marine chinoise. Le gouvernement de Pékin n'entend pas se faire dicter sa politique étrangère par Washington et défend ses intérêts avec intransigeance. Une sino-mondialisation économique est en marche, incarnée par le slogan volontariste des Nouvelles routes de la soie (Boisseau du Rocher *et al.*, 2019). Ni belliqueuse, ni prosélyte, la RPC s'ingère néanmoins directement dans les affaires des pays de la région en noyautant l'espace économique, et parfois en construisant des infrastructures à usage dual, civil et militaire. Fini donc le simple *soft power*, la stratégie d'influence par les pressions diplomatiques et la séduction culturelle, place désormais au *sharp power* à travers des politiques agressives et subversives employées pour projeter sa puissance géopolitique à l'international (Lincot, 2019). Tous les projets ne se concrétiseront pas (Lasserre *et al.*,2023), certains ont déjà échoué comme au Bangladesh ou en Tanzanie, d'autres sont revus à la baisse. Certains constituent cependant des victoires diplomatiques majeures, notamment l'accord de 400 milliards de dollars signé avec l'Iran en 2021, qui comprend des clauses d'assistance militaire mutuelle et peut modifier durablement le contexte géopolitique régional.

L'extension du domaine de la lutte géopolitique à l'ensemble des sphères militaires, paramilitaires, économiques et civiles, fait de la Chine une puissance multimodale dans l'espace indo-pacifique. Les États-Unis et leurs alliés, conscients du développement de l'influence chinoise dans la région, répondent par la construction d'un nouveau concept : l'Indo-Pacifique. Une formule à consonance géostratégique, donnant la primauté au militaire, domaine dans lequel les États-Unis sont encore en avance sur la Chine.

Espace indo-pacifique, des représentations géopolitiques hétéroclites

L'Indo-Pacifique n'est pas une notion cartographique, mais plutôt un nouveau paradigme de sécurité, un lien entre terre et mer où l'Eurasie et les océans Indien et Pacifique deviennent complémentaires. Le *régionyme* Indo-Pacifique est une construction cognitive, un produit de l'esprit humain, une représentation internationale sans réalité géographique propre. Le concept se veut la matrice de certaines normes, de valeurs, d'idées partagées, en opposition à un modèle illibéral, autoritaire et dictatorial. Ce contre-modèle, adopté en réaction aux ambitions de la RPC, a des déclinaisons politiques, idéologiques et géographiques encore floues et ambiguës. Les principaux acteurs ayant souscrit à la doctrine indo-pacifique partagent la même ambition de limiter l'influence de Pékin. Pourtant, plusieurs visions stratégiques se superposent, les objectifs et les moyens divergent. Si le concept se veut consensuel, il n'en demeure pas moins abstrait, ambigu et clivant (Medcalf, 2018).

Indo-Pacifique, épicentre de la rivalité sino-américaine

La relation sino-américaine polarise les relations internationales. La « Chinamérique » n'est pas seulement un artifice lexical à la mode : ces deux puissances totalisent à elles seules plus 40 % du PIB mondial. L'affrontement entre ces deux grands n'est plus seulement idéologique comme au temps de la Guerre froide, il s'étend à d'autres composantes géopolitiques. Avec le retour de Donald Trump aux affaires et l'imposition de barrières douanières exorbitantes sur les produits chinois, la relation semble plus dégradée que jamais.

Pourtant, en 2001, l'adhésion de la Chine à l'OMC avait suscité beaucoup d'enthousiasme de la part de dirigeants politiques et d'intellectuels américains. Certains avaient misé sur une démocratisation de la Chine, par la modération progressive de son régime autoritaire et le développement des libertés individuelles. Mais la « main invisible » d'Adam Smith s'est très bien accommodée du gant de fer du PCC. Loin des rêves de libertés politiques ou civiles, le gouvernement de Xi Jinping est encore plus centralisé et tout aussi répressif vis-à-vis de la dissidence politique. La logique d'interdépendance économique, souvent profitable aux deux pays, a toutefois longtemps primé – les grandes entreprises américaines ont maximisé leurs profits *via* des coûts de production réduits délocalisés en Chine, tandis que Pékin pouvait mener une politique d'ouverture axée sur la croissance économique et la stabilité politique : « l'alliance des dirigeants du PCC et des actionnaires de Walmart », ironisait le prix Nobel d'économie Paul Krugman. Si le commerce bilatéral n'a cessé d'augmenter, atteignant aujourd'hui près de 600 milliards de dollars (soit 400 fois plus qu'en 1978), le paradigme économique américain vis-à-vis de la Chine a changé. Après avoir profité pendant plusieurs décennies de la croissance économique chinoise, l'appât du gain a progressivement laissé place à la suspicion, nourrie par un déficit commercial augmentant de façon exponentielle et atteignant aujourd'hui près de 300 milliards de dollars.

Le gouvernement américain a donc changé de cap et opéré un virage protectionniste. Pis, depuis l'élection de Donald Trump, c'est désormais la « guerre des capitalismes » qui fait rage, et les deux puissances s'engagent dans des relations de plus en plus antagonistes et mutuellement destructrices. Principale cible des mesures tarifaires imposées par l'administration

Trump 2.0, la Chine n'a pas courbé l'échine (contrairement à d'autres) et réplique par des contre-mesures ciblées susceptibles d'affecter durement l'industrie américaine, notamment dans le secteur stratégique des terres rares. À l'échelle internationale, c'est désormais Pékin qui, paradoxalement, se pose en défenseur du libre marché face aux barrières douanières imposées par Washington. La signature en 2020 du RCEP (Regional Comprehensive Economic Partnership), le plus grand accord de libre-échange jamais conclu, unissant 16 pays autour de l'océan Pacifique et excluant les États-Unis, marque probablement un tournant symbolique dans la dynamique économique internationale. C'est désormais autour de la Chine que les pays de l'Indo-Pacifique s'agrègent économiquement, tandis que les États-Unis, par leurs mesures unilatérales et coercitives, divisent et suscitent un mécontentement croissant. Si la RPC conteste désormais la primauté économique de la superpuissance américaine. Qu'en est-il en terme stratégique ?

L'Indo-Pacifique, un *continuum* géopolitique américain

Les États-Unis dominent le monde depuis leur victoire en 1945, menée sur deux fronts océaniques. Aujourd'hui encore, l'US Navy est garante de cette domination maritime. Forte de sa supériorité militaire, elle se veut aussi la garante du système libéral anglo-saxon à travers la libre circulation des marchandises et le dollar comme monnaie d'échange international. Les États-Unis ont développé une politique étrangère au service de leurs idéaux, une géopolitique de nature universelle. Ils dominent les relations internationales par la force de leur commerce extérieur et de leur puissance militaire. L'US Navy possède 11 porte-avions de classe Nimitz, auxquels il faut ajouter les 10 porte-aéronefs de 40 000 tonnes de classe America ou de classe Wasp (l'équivalent du tonnage du porte-avions français *Charles de Gaulle*). La puissance industrielle américaine lui permet même de produire certains navires en série. Elle détient un quasi-monopole technologique sur certaines composantes des porte-avions et dispose de plus de 50 sous-marins nucléaires d'attaque (SNA) et de 14 SNLE. L'armée américaine possède également 725 bases extraterritoriales ainsi qu'un réseau d'alliances lui permettant des interventions sur toutes les mers du monde, avec ou sans le consentement de l'ONU.

La stratégie de l'Indo-Pacifique s'inscrit donc dans une continuité géopolitique américaine de domination des océans, inspirée des théories du célèbre stratège naval et historien américain Alfred Mahan (1840-1914). Elle n'est que le dernier label sémantique pour s'adapter au contexte stratégique contemporain. L'océan Pacifique depuis le XIXe siècle a constitué un glacis maritime historique pour les États-Unis. Dès 1853 le commodore Perry entre dans la baie de Tokyo et tire le Japon de son autarcie économique et culturelle. Puis les forces américaines occupent les îles Midway (1867), Hawaï (1898), Guam (1898), puis les Philippines (1898) à la suite de la guerre hispano-américaine. À partir de 1941, les États-Unis deviennent une « *Two Ocean Navy* », avec une capacité de projection navale sur deux façades maritimes (Atlantique et Pacifique). Pendant la Guerre froide, John Dulles (1888-1959), secrétaire d'État du Président Eisenhower, dessine l'encerclement maritime de la Chine et de l'Union soviétique par un réseau de cercles concentriques autour du littoral oriental asiatique. La lutte contre le communisme va très largement se dérouler sur mer : débarquement à Inchon en Corée (1950), blocus naval autour de Cuba

(1962), soutien aux opérations au Vietnam (1964-1973), implantation d'une base militaire au cœur de l'océan Indien à Diego Garcia (1971), avènement des SNLE capables de lancer des missiles nucléaires à des milliers de kilomètres. Plus récemment, les frappes aériennes américaines en Yougoslavie, en Irak, en Afghanistan et en Libye ont été menées depuis des porte-avions, véritables bases aériennes mobiles, permettant une grande flexibilité logistique sans contraintes juridiques ni diplomatiques.

Le « *Pivot to Asia* » (pivot asiatique) opéré sous l'administration Obama en 2008 s'est transformé en Indo-Pacifique sous l'administration Trump en 2017. La sémantique a été reprise par le Président Biden en 2021. Il s'agit d'une même politique d'endiguement (*containment*) de la Chine dont l'objectif, à long terme, est le maintien de la suprématie maritime américaine. Ce nouveau cadre géopolitique permet aux États-Unis de tenter de mutualiser les efforts dans la région. À l'image de l'action américaine en Europe de l'Ouest dans le cadre de l'OTAN, les États-Unis veulent responsabiliser leurs alliés, mieux partager les coûts, tout en restant l'acteur indispensable. En 2020, 65 bâtiments et 375 000 hommes américains sont présents dans la zone indo-pacifique dont 35 000 au Japon et 25 000 en Corée du Sud. Les réserves d'effectifs sont réelles avec le retrait des dernières forces américaines d'Irak et d'Afghanistan, voire un désengagement progressif de l'Europe. De plus, les États-Unis veulent renforcer les partenariats avec leurs alliés traditionnels (Japon, Corée du Sud et Australie), mais aussi avec leurs anciens adversaires, comme le Vietnam. La Chine a riposté par l'installation de missiles balistiques expérimentaux de type DF 21-D et DF-26 d'une portée de 4 000 km, pouvant supporter une charge nucléaire et atteindre Guam voire Hawaï. L'escalade a continué en août 2020 avec la violation de l'espace d'exclusion aérienne chinois par un avion-espion américain et le lancement d'un missile en guise de riposte chinoise. Les forces navales américaines procèdent régulièrement à des opérations de liberté de navigation (FONOPS, Freedom of Navigation Operations) en frôlant les eaux territoriales chinoises pour entériner leur droit de passage, conformément au droit de la mer et malgré les exigences chinoises d'une autorisation préalable. Prétextes à des provocations, ces incidents sont peu susceptibles de dégénérer en accrochages militaires sérieux, mais ils témoignent d'une lutte d'influence permanente dans l'ensemble des problématiques géopolitiques.

Alors que le président américain Donald Trump s'est fait réélire en 2024 sur un programme « America First » aux accents isolationnistes, et que de nombreux commentateurs spéculent sur un potentiel « retrait américain » des affaires internationales, force est de constater que les États-Unis disposent encore d'une alliance militaire régionale supérieure à celle de la Chine. Ce phénomène pourrait même s'accentuer, car un grand nombre d'acteurs asiatiques, comme le Vietnam et le Japon, réclament davantage de présence américaine. Le paradigme indo-pacifique est donc conforme aux intérêts américains dans la zone. Cela n'a pas empêché d'autres acteurs extrarégionaux de s'approprier le concept.

Un concept protéiforme

La représentation sociale d'un espace géographique est fondamentale dans l'analyse géopolitique (Lewis *et al.*, 1997). Dirigé contre la Chine et son modèle de gouvernance, le terme d'Indo-Pacifique n'est ni l'invention ni l'exclusivité de la diplomatie américaine. Le Japon, l'Inde et l'Australie, alliés de Washington, entretiennent des relations souvent conflictuelles avec la Chine et promeuvent également la nouvelle sémantique de l'Indo-Pacifique.

Les prémices du concept sont développées par l'ancien Premier ministre japonais Shinzo Abe en 2007, puis l'expression se démocratise dans diverses chancelleries : en Inde en 2012, en Australie en 2013, aux États-Unis depuis 2017, puis en France à partir de 2018.

Les principaux acteurs ayant souscrit à la « doctrine indo-pacifique » partagent la même ambition de limiter l'influence de Pékin, pourtant plusieurs visions stratégiques se superposent :

Les États-Unis y voient un moyen de préserver le *statu quo* dans les relations internationales et d'asseoir leur domination maritime en s'appuyant sur un réseau d'alliés, de l'Inde au Pacifique insulaire. En 2018, la transformation du *United States Pacific Command* (PACOM) en *Indo-Pacific Command* (INDOPACOM) marque l'officialisation d'un nouveau schème stratégique par les autorités militaires américaines. Avec l'adoption de ce nouveau schème, les États-Unis ferment symboliquement la parenthèse du tropisme atlantique et de l'enlisement moyen-oriental. L'Asie et ses bordures maritimes (re)deviennent le centre névralgique des préoccupations américaines.

Le Japon, à l'initiative du concept, privilégie davantage le potentiel économique de l'Indo-Pacifique, avant les perspectives militaires. C'est la logique d'un acteur économique qui prime. De nombreux projets d'infrastructures élaborés et mis en œuvre par des sociétés japonaises sont en cours de réalisation dans le bassin indo-pacifique, de l'Afrique orientale au Pacifique insulaire, notamment des infrastructures portuaires (Kenya, Sri Lanka, Indonésie, Thaïlande, Myanmar, Vanuatu, Samoa), aéroportuaires (Port Moresby, Palau) et ferroviaires (Inde, Thaïlande, Vietnam). Ce réseau d'infrastructures se superpose souvent au réseau d'infrastructures chinoises. L'espace indo-pacifique devient alors un terrain de concurrence économique entre chacune des deux puissances asiatiques, particulièrement en Asie du Sud-Est. Face aux Nouvelles routes de la soie promue par le gouvernement de Pékin, Tokyo propose des « Partenariats pour des infrastructures de qualité » (PQI) et un « corridor de croissance Asie-Afrique » en s'appuyant sur ses relations de longue date avec l'ASEAN et l'Inde.

Si l'Indo-Pacifique est avant tout un concept symbole d'opportunités économiques, les Japonais ont également conscience de la menace stratégique que constitue la RPC pour l'archipel. En témoigne la montée en puissance de la marine de guerre nipponne (110 bâtiments, 5e mondiale). L'article 9 de sa Constitution interdit toujours au pays de se doter d'une force militaire offensive, mais la force d'autodéfense est en réalité une véritable force militaire qui ne se limite plus à la stricte défense de l'espace territorial japonais. Progressivement intégrée au système de défense américain, puis à des opérations de coopérations internationales, la force d'autodéfense japonaise est ainsi intervenue au Cambodge en 1992, a acheminé des soldats en Irak et du ravitaillement en Afghanistan en 2004, et a lutté contre la piraterie dans le golfe d'Aden en implantant une base à Djibouti en 2011. Le dernier verrou reste la nucléarisation militaire. Donald Trump s'y était déclaré favorable, mais l'idée même se heurte à l'opposition de l'opinion publique japonaise et à un environnement régional hostile.

L'Australie, île-continent bordée par l'océan Pacifique et l'océan Indien, est par sa géographie la quintessence de l'État indo-pacifique. Elle a longtemps oscillé entre dépendance économique vis-à-vis de Pékin et alignement stratégique sur Washington. Historiquement, les Australiens se sentent redevables du sacrifice américain dans le Pacifique pendant la Seconde Guerre mondiale, quand il fut question de les sauver d'une domination japonaise. La progressive indépendance de l'Australie et de la Nouvelle-Zélande vis-à-vis du Royaume-Uni et le désir des Américains d'asseoir leur domination dans le grand océan ont abouti à la signature de l'ANZUS, accord de défense du Pacifique regroupant l'Australie, la New-Zélande et les États-Unis, signé en 1951. L'île continent a depuis fidèlement aligné sa politique de défense et de sécurité sur les positions américaines et a été engagée dans presque tous les conflits impliquant les États-Unis : Corée, Vietnam, guerres du Golfe et guerres en Afghanistan.

Mais la Chine est depuis les années 2000 le plus grand partenaire économique de l'Australie. Les grandes compagnies minières australiennes dépendent directement de la consommation chinoise. En 2015, un accord de libre-échange, le ChAFTA, est même signé entre les deux pays. L'Australie accueille aujourd'hui quelque 150 000 étudiants chinois dans ses universités privées et onéreuses, devenues des pôles d'excellence pour l'élite de la jeunesse chinoise. Le gouvernement australien a ainsi longtemps tenté de développer ses propres relations avec Pékin, sans pour autant froisser Washington. Mais, avec l'arrivée au pouvoir d'un gouvernement conservateur en 2013, la relation sino-australienne s'est progressivement détériorée et les tensions sont désormais plus vives. Les autorités australiennes ont par exemple demandé en 2020 qu'une enquête internationale sur l'origine du Covid soit menée, provoquant des rétorsions économiques de la Chine sur les importations de bœuf et d'orge australiens. L'entreprise Huawei a par ailleurs interdiction de fournir des équipements 5G sur le sol australien par crainte de possible espionnage, Canberra estimant que la société chinoise présentait un risque pour sa sécurité, car elle entretenait des liens trop étroits avec le régime central de Pékin. L'Australie aurait-elle choisi son camp ? La signature de l'AUKUS en 2021, un pacte stratégique entre l'Australie, les États-Unis et le Royaume-Uni visant à renforcer la sécurité en Indo-Pacifique face à l'influence croissante de la Chine confirme son alignement sur la politique étrangère américaine. Toutefois, pour que la rivalité sino-américaine ne devienne pas l'alpha et l'oméga des relations internationales australiennes, Canberra cherche également à recentrer sa diplomatie sur son environnement régional direct, asiatique et océanien, donc indo-pacifique. Ainsi, le lexique indo-pacifique fait désormais partie intégrante du corpus sémantique de la diplomatie australienne officielle. L'organisation de sommets diplomatiques avec l'ASEAN et la présence australienne dans des organisations intergouvernementales régionales (ADMM+, ReCAAP) attestent de sa volonté de se rapprocher de ses voisins asiatiques. Par ailleurs, les relations bilatérales avec le Japon sont excellentes depuis la fin du second conflit mondial et s'incarnent dans différents traités d'amitié et de coopération. De même, la relation indo-australienne est de bonne qualité. Chaque année, les deux marines organisent un exercice commun (AUSINDEX). L'Australie soutient d'ailleurs officiellement l'Inde dans ses revendications sur l'Arunachal Pradesh contre la Chine. L'Australie soigne enfin son statut de principal partenaire des pays du Pacifique insulaire avec sa politique du Pacific Step-up (2016). Cette offensive de charme diplomatique à destination des Océaniens témoigne de sa volonté de maintenir sa position de partenaire indispensable dans la région, face à la montée en puissance de la RPC.

L'Inde, autre grande puissance asiatique, malgré une tradition diplomatique de non-alignement s'oppose frontalement à la Chine dans l'Aksai Chin au nord-ouest du plateau tibétain ainsi que dans l'Arunachal Pradesh entre le Bhoutan et la Birmanie. Ces contentieux territoriaux ont entraîné un conflit armé en 1962 (remporté par la Chine), et dégénèrent régulièrement en accrochages militaires, le dernier en date en juin 2020 ayant provoqué des dizaines de morts dans les deux camps. Concomitamment à la dégradation de la relation bilatérale, la diplomatie indienne a entériné le nouveau concept d'Indo-Pacifique le 14 avril 2019 en lui dédiant un département au ministère des Affaires étrangères. Le gouvernement de Narendra Modi semble cependant moins engagé dans la création d'une alliance militaire que ses homologues japonais ou australiens. Un rapprochement diplomatique indo-américain est toutefois perceptible et coïncide avec les tensions sino-indiennes dans les régions contestées du nord. Principale puissance en Asie du Sud, l'Inde a également lancé depuis les années 1990 la Look East Policy (politique qui regarde à l'Est) pour se rapprocher de l'Asie du Sud-Est. Au niveau international, l'Inde entretient historiquement d'excellentes relations avec la Russie, l'État d'Israël, l'Iran et le Japon. Ce réseau diplomatique important s'est récemment ouvert à l'Afrique avec la création de dix-huit nouvelles représentations diplomatiques, l'Inde est désormais le troisième partenaire économique du continent africain, toutefois loin derrière la Chine et les États-Unis.

L'Inde s'intéresse également à la région Pacifique. Elle entretient de bonnes relations politiques et militaires avec l'Australie et a lancé en 2014 un forum régional, le Forum for India-Pacific Islands coopération (FIPIC) avec quatorze pays du Pacifique insulaire. Un nouveau non-alignement 2.0, désormais qualifié de multi-alignement (Saint-Mézard, 2025), s'ébauche dans lequel l'Inde cherche sa place stratégique au gré de ses propres relations avec son environnement régional et le rapport de forces entre les grandes puissances internationales. La stratégie géopolitique multipolaire de l'Inde reste néanmoins marquée par la relation conflictuelle avec le voisin pakistanais, ADN historique des relations internationales indiennes, et par le renforcement du partenariat sino-pakistanais. Ainsi, la Chine et le Pakistan restent les facteurs déterminants de la stratégie géopolitique indienne.

Cette union de l'Indo-Pacifique apparaît en fait comme la renaissance d'un projet d'alliance stratégique unissant les États-Unis, l'Inde, l'Australie et le Japon : le QUAD (Quadrilateral Security Dialogue). Initié en 2007, sa nomenclature s'est rematérialisée à partir de 2017, puis institutionnalisée en 2020 et 2021, avec la tenue de l'exercice militaire Malabar 2020 qui a rassemblé les quatre marines de guerre. Depuis, des réunions annuelles de tous les chefs d'État et ministres des Affaires étrangères sont organisées sous le label QUAD. Tous les participants s'approprient la sémantique indo-pacifique.

Et le concept d'Indo-Pacifique a également séduit d'autres chancelleries régionales.

La Corée du Sud, qui a officiellement adopté une stratégie indo-pacifique en décembre 2022, est un État pivot en Asie du Nord. Son partenariat privilégié avec les États-Unis reste le marqueur dominant de sa politique extérieure. Washington est l'allié obligé, qui protège, mais aussi qui oblige Séoul, avec l'installation de ses batteries antimissiles THAAD tournées vers la Corée du Nord, et plus officieusement vers Pékin.

L'ASEAN, discrète en matière de politique internationale dont la compétence relève des États membres, cherche surtout à construire un projet économique. L'association a longtemps rechigné à adopter le lexique Indo-Pacifique, potentiellement concurrentiel et remettant en cause sa « centralité ». Sous l'impulsion de l'Indonésie, elle a néanmoins détaillé en 2019 son plan pour contribuer à la nouvelle nomenclature géostratégique de l'Indo-Pacifique, dans une charte intitulée, *ASEAN Outlook on the Indo-Pacific* dont les maîtres-mots sont : centralité, ouverture, transparence, inclusivité, respect des règles de bonne gouvernance, de souveraineté, et du principe de non-intervention. La stratégie ASEAN apparaît comme plus inclusive et moins virulente vis-à-vis de la RPC. Toutefois, faute de forces militaires suffisantes, la majorité des pays de l'ASEAN dépendent du partenariat avec les États-Unis pour garantir leur défense et leur sécurité. Mais tous, à l'exception de Brunei, ont pour principal partenaire économique la Chine et abritent une diaspora massive et influente, dessinant le double visage de l'ASEAN tiraillée entre la protection américaine et la dépendance économique chinoise.

Même l'**OTAN**, organisation militaire dont les prérogatives de défense et de sécurité collective concernent la région de l'Atlantique Nord, adopte désormais officiellement l'expression Indo-Pacifique dans ses textes officiels, et développe des partenariats dans la zone. L'ouverture d'un bureau de l'organisation à Tokyo, prévue pour renforcer la coopération avec les partenaires régionaux, a néanmoins été abandonnée, certains membres, notamment la France, craignant une dilution du mandat atlantique de l'organisation et une provocation inutile envers la Chine.

L'Union européenne enfin exerce une influence non négligeable dans la région en tant que bailleur de fonds, notamment dans le cadre du Fonds européen de développement régional (FEDER). Portée par la France seule depuis 2018, une stratégie indo-pacifique nationale a aussi été élaborée par l'Allemagne et les Pays-Bas en 2020. Le 15 septembre 2021, c'est au tour de l'Union européenne d'officialiser une nouvelle stratégie pour renforcer ses relations économiques, politiques et de défense dans la région indo-pacifique. Des territoires de la zone sont ainsi sous la souveraineté d'États membres de l'Union européenne, selon deux statuts juridiques différents : les régions ultrapériphériques (RUP La Réunion-Mayotte) et les pays et territoires d'outre-mer (PTOM Wallis-et-Futuna, la Polynésie française, la Nouvelle-Calédonie et les TAAF). L'Indo-Pacifique étant avant tout une construction stratégique américaine pour faire face à l'expansionnisme chinois, la voix de l'UE a pour l'instant peu porté dans cette région. Celle-ci n'est en effet pas reconnue comme une puissance militaire et son influence est limitée face au duopole sino-américain, particulièrement dans les domaines de la défense et de la sécurité. De surcroît, la présence de l'UE en Indo-Pacifique se limite depuis le Brexit à une présence française, c'est donc assez logiquement que depuis 2018 Paris a fait la promotion d'une stratégie indo-pacifique nationale. Et la diplomatie française revendique depuis le rôle de porte-étendard européen sur le sujet et incite ses partenaires européens à développer une stratégie régionale pour l'Indo-Pacifique. L'Indo-Pacifique fut de fait érigé comme une priorité de la présidence de la France au Conseil de l'Union européenne en 2022. La France a ainsi organisé à Paris le 22 février 2022 un forum ministériel pour la coopération dans l'Indo-Pacifique réunissant l'ensemble des ministres des Affaires étrangères de l'UE ainsi que les chefs de la diplomatie d'une trentaine de pays riverains de la région indo-pacifique. D'autres sommets sur le même format ont depuis été organisés (Stockholm 2023, Bruxelles 2024). Mais les agendas de Paris et de Bruxelles ne se superposent pas en Indo-Pacifique. Il reste, côté français, un grand effort de pédagogie à faire auprès de ses partenaires européens qui souvent considèrent les CFIP comme des vestiges de l'empire colonial, sans chercher à comprendre ni les évolutions statutaires et sociétales en cours, ni les spécificités du modèle assimilationniste français en outre-mer. La France dispose en effet d'intérêts propres dans la région.

La Chine et les États-Unis sont les deux grandes puissances de l'espace indo-pacifique. Leur rivalité cristallise les tensions et oriente les politiques extérieures des puissances régionales. Si les États-Unis conservent un avantage militaire, les partenariats régionaux sont désormais essentiels pour contrer le développement de l'influence chinoise. L'émergence du concept Indo-Pacifique traduit ainsi ce nouveau duopole dans les relations internationales, espace géographique où la rivalité sino-américaine sera la plus prononcée. Le Japon et l'Australie ont également développé leur propre nomenclature indo-pacifique pour endiguer la puissance chinoise, tandis que d'autres comme l'Inde, la Corée du Sud ou l'ASEAN adoptent plus prudemment le concept pour rassurer le partenaire militaire américain, tout en y ajoutant des gages inclusifs à l'égard de Pékin pour ne pas marginaliser le partenaire économique chinois, devenu indispensable. L'Union européenne exerce également une influence, en tant que bailleur de fonds régional et partenaire économique. *A contrario*, la RPC et ses principaux partenaires présents dans la zone (Russie, Pakistan, Iran) n'adoptent pas la sémantique indo-pacifique.

À partir de mai 2018, le président de la République française, Emmanuel Macron, a formalisé une stratégie de l'Indo-Pacifique français pour légitimer et crédibiliser le statut de la France dans cette région. Depuis cette date, les différentes autorités françaises concernées, particulièrement le ministère des Armées, font systématiquement référence au concept quand elles s'expriment sur des questions relatives à la géopolitique de l'Asie et des océans Indien et Pacifique. La promotion répétée de cette nouvelle stratégie politique, démontre que le concept Indo-Pacifique est appelé à durer, et nécessite donc de s'y intéresser.

LA FRANCE, UNE PUISSANCE INDO-PACIFIQUE

Je retiens ici la leçon de Dunkerque. Il faut penser la France comme une discontinuité. Ceux qui n'en sont pas capables et se limitent à un hexagone ne connaissent pas leur pays.

François Garde, haut fonctionnaire, romancier, ancien administrateur supérieur des TAAF, *Marcher à Kerguelen*, Gallimard, 2018

La France a un long historique en Indo-Pacifique (Ly-Tio Fane, 1967), initié par la création de la compagnie des Indes en 1664 par Jean-Baptiste Colbert, puis marqué, entre autres, par des expéditions scientifiques et militaires au XVIIIe siècle, par la colonisation de l'Indochine et de territoires insulaires, et par le rôle de la Polynésie française dans la stratégie nucléaire de l'État au XXe siècle.

Région sous domination anglo-saxonne depuis le XIXe siècle, les Français y furent longtemps considérés comme un élément exogène et indésirable. Dans le Pacifique océanien, l'opposition unanime à la France devint même le ciment de l'unité régionale. Le Forum des îles du Pacifique (FIP) en fit son cheval de bataille. L'Assemblée générale de l'ONU a réinscrit la Nouvelle-Calédonie (1986) et la Polynésie française (2013) sur la liste des territoires à décoloniser. Ce malaise atteignit son paroxysme lors de la reprise des essais nucléaires en 1995. De nombreuses tentatives ont été lancées pour obtenir la condamnation internationale officielle de la France avec notamment soixante-treize plaintes de la Nouvelle-Zélande devant la Cour internationale de Justice. Encore aujourd'hui, l'Union africaine et l'ONU soutiennent les revendications de l'Union des Comores sur Mayotte et d'autres entités non étatiques se joignent aux critiques à l'encontre de la France, comme les Églises protestantes, les syndicats, les ONG.

Face à ce front commun, la France s'est appuyée sur des personnalités influentes pour gagner en légitimité : Gaston Flosse en Polynésie, ancien instituteur devenu l'homme de confiance de Jacques Chirac. Michel Debré sur l'île de La Réunion, qui a œuvré pour éviter toute contagion indépendantiste dans cette collectivité française. Michel Rocard en Nouvelle-Calédonie pour apaiser une situation de guerre civile.

Le contexte diplomatique a depuis évolué. Face à une puissance chinoise dominante et conquérante, la France est désormais perçue comme un élément stabilisateur de la région. Elle dispose, dans cette région du monde, d'attributs de puissance incontestables que les différents gouvernements ont tenté de valoriser.

Les attributs de la puissance française en Indo-Pacifique

La diplomatie culturelle de la France ne néglige pas les clichés : patrie des droits de l'Homme, héritage révolutionnaire, gastronomie, douceur de vivre. Le *soft power* français s'appuie également sur des éléments plus tangibles, notamment un réseau diplomatique qui maille l'ensemble de la zone indo-pacifique.

Une puissance diplomatique

La France exerce sa souveraineté sur un espace géostratégique important et est *de facto* une puissance régionale. Elle compte 11 nations frontalières dans le Pacifique et 5 dans l'océan Indien. La représentation diplomatique française, la 3e la plus importante au monde derrière la Chine et les États-Unis, est présente dans quasiment tous les pays riverains de l'Indo-Pacifique.

Marginalisée depuis son éviction d'Indochine (1954), l'émergence du concept Indo-Pacifique offre une chance à la diplomatie française de réintégrer l'espace multilatéral régional. La Franque multiplie les initiatives diplomatiques auprès des institutions existantes et a récemment enregistré plusieurs succès.

En septembre 2020 elle est devenue « partenaire de développement » de l'ASEAN, un statut privilégié réservé à seulement quatre pays dans le monde (Chili, France, Allemagne, Italie). Deux ans plus tard à Bangkok, Emmanuel Macron fut le premier chef d'État européen invité à participer au sommet de la Coopération économique pour l'Asie-Pacifique (APEC). À Singapour, des délégations ministérielles françaises participent tous les ans au Shangri-La Dialogue (SLD), principal forum régional consacré aux questions de sécurité réunissant des autorités politiques et militaires. Le Président français y a même prononcé le discours d'ouverture de l'édition 2025. Là encore, une première pour un chef d'État européen. Ces invitations de prestige reflètent l'influence croissante de Paris dans l'ensemble régional indo-pacifique. À l'heure où la relation Pékin-Washington se dégrade et où les deux superpuissances n'hésitent pas à recourir à des actions coercitives unilatérales, la France cherche à s'affirmer comme un acteur à la fois crédible, légitime et inclusif dans la zone.

En Océanie, la France joue un rôle important dans la Communauté du Pacifique (CPS), le siège de l'institution se situant à Nouméa. La France y a spécialement détaché un ambassadeur et en est devenue l'un des contributeurs les plus importants. Avec 550 agents actifs et le statut d'observateur permanent à l'ONU, la CPS est l'une des organisations les plus influentes du bassin Pacifique. Le Forum des îles du Pacifique, créé en 1971, a quant à lui constitué initialement un front commun anticolonialiste et limité l'adhésion aux seuls pays indépendants de l'Océanie, excluant *de facto* la France. Mais l'intégration plénière de la Polynésie française et de la Nouvelle-Calédonie en septembre 2016 a constitué une étape clé, permettant à la France d'accéder, *via* ses collectivités, à une institution qui lui était jusqu'alors fermée. Acteur sécuritaire important dans la zone, les forces armées françaises sont pleinement intégrées à l'architecture de diplomatie militaire régionale, comme en atteste l'organisation du Sommet des ministres de la Défense du Pacifique Sud à Nouméa en 2023, en présence du ministre de Armées Sébastien Lecornu.

Dans l'océan Indien, la France est membre de la Commission de l'océan Indien (COI), organisation intergouvernementale strictement insulaire et francophone. Le 17 décembre 2020, la France est également devenue membre de plein exercice de l'IORA (Indian Ocean Rim Association), institution multilatérale principale de l'océan Indien. Une revendication de longue date du Quai d'Orsay.

La France entretient donc des relations bilatérales importantes en Indo-Pacifique et attache une grande importance aux commissions et structures régionales. Elle intègre ainsi des plateformes qui lui étaient fermées, voire hostiles jusqu'à récemment, ce qui lui permet même d'organiser sur son sol des sommets intergouvernementaux par exemple le deuxième sommet de la COI ou les sommets France-Océanie.

La France, une puissance culturelle

Au XVIIIe siècle, la recherche scientifique a guidé la France en Indo-Pacifique avec notamment les expéditions de Louis-Antoine de Bougainville et Jean-François de La Pérouse. L'éducation et la culture portent aujourd'hui encore la notoriété française dans la région. La francophonie, relai naturel de l'influence française dans le monde, est en constante augmentation. Le nombre de locuteurs est ainsi passé de 106 millions en 1985 à 300 millions en 2020 et pourrait dépasser les 700 millions en 2050, derrière l'anglais et le mandarin, mais devant l'espagnol. Plusieurs institutions contribuant au développement de la francophonie maillent l'ensemble de la région Indo-Pacifique. L'Organisation internationale de la Francophonie (OIF), seule organisation multilatérale ayant un critère d'adhésion linguistique, l'Alliance française, dispositif phare de la politique culturelle francophone, les Instituts français, établissements publics à caractère industriel et commercial (EPIC) qui opèrent sous la double tutelle du ministère des Affaires étrangères et du ministère de la Culture, ou encore les établissements français à l'étranger. L'usage du français au quotidien est de fait une réalité dans la région indo-pacifique. Dans l'océan Indien, le français est une langue officielle à La Réunion, aux Seychelles, à Madagascar, aux Comores, à Djibouti et est couramment parlé à l'île Maurice. Dans l'océan Pacifique, le français est langue officielle à Wallis-et-Futuna, en Nouvelle-Calédonie, en Polynésie française et au Vanuatu.

Pays	Nb locuteurs francophones (est. 2022)	%
Cambodge	463 000	3 %
Canada	11 061 000	29 %
Comores	237 000	26 %
Djibouti	508 000	50 %
EAU	264 000	3 %
Égypte	3 205 000	3 %
Laos	204 000	3 %
Madagascar	7 729 000	26 %
Maurice	926 000	73 %
Mexique	30 000	0,02 %
Mozambique	99 000	0,3 %
Seychelles	53 000	53 %
Thaïlande	578 000	1 %
USA	2 179 000	1 %
Vanuatu	100 000	31 %
Vietnam	693 000	1 %

Source : OIF, La Langue française dans le monde 2019-2022, Gallimard (en ligne)

Diplomatie environnementale

Autre facette de l'action française en Indo-Pacifique : la diplomatie climatique et scientifique. Surfant sur le succès de la 21e Conférence de la Convention-cadre des Nations unies sur les changements climatiques (COP 21) organisée en 2015 à Paris, la diplomatie française organise depuis 2017 des sommets intergouvernementaux baptisés « One Planet ». Créées à l'initiative de la France, des Nations unies et de la Banque mondiale, ces rencontres ont pour objectif d'élaborer des politiques publiques en matière de lutte contre le réchauffement climatique et de protection de la nature. Réunissant les gouvernements et des représentants de la société civile, chaque sommet est consacré à une thématique particulière : eau, forêt, biodiversité, océans, pôles… Ces forums sont souvent une tribune privilégiée pour promouvoir l'action gouvernementale en Indo-Pacifique. Ainsi, à l'occasion du One Ocean Summit, le 11 février 2022, le Président de la République française, Emmanuel Macron, a annoncé l'extension de la réserve naturelle nationale des TAAF à l'ensemble des eaux sous juridiction des archipels Crozet et Kerguelen et des îles Saint-Paul et Amsterdam, soit 15 % de l'espace maritime français. En novembre 2023, pour l'édition consacrée aux pôles, Emmanuel Macron mentionne encore les TAAF. Deux ans plus tôt, c'est le parc marin des îles Glorieuses qui avait été créé, avec pour objectif de l'étendre à l'ensemble de la ZEE des îles Éparses. Dans la continuité de la COP 21 et des One Planet Summits, la France a organisé en juin 2025 la troisième Conférence des Nations unies sur les océans (UNOC 3) à Nice, réunissant plus de 10 000 participants, dont 63 chefs d'État et 174 délégations nationales. Cet événement majeur et inédit a marqué une étape importante dans la gouvernance océanique mondiale avec l'adoption d'un plan d'action pour promouvoir la protection des écosystèmes marins, l'entrée en vigueur du traité sur la haute-mer, l'appel en faveur d'un moratoire sur l'exploitation minière en eaux profondes, un nouvel engagement contre la pollution plastique – autant de mesures qui ont contribué à faire de cet événement un jalon important. Malgré l'absence notable de la délégation officielle américaine, dans la continuité du retrait de l'Accord de Paris et de l'intérêt de Donald Trump pour l'exploitation des fonds marins, la France a renforcé son leadership environnemental. Stratégie environnementale et stratégie indo-pacifique se sont même superposées. À Nice, l'Indo-Pacifique français fut mis à l'honneur avec l'annonce de la création de la plus grande aire marine protégée au monde en Polynésie française, couvrant 4,5 millions de kilomètres carrés. En marge de l'UNOC, le 6e Sommet France-Océanie a réuni chefs d'État et représentants régionaux, illustrant la convergence entre diplomatie environnementale et diplomatie indo-pacifique, et affirmant la souveraineté française comme vecteur de rayonnement régional à travers la protection de la biodiversité.

La France, une puissance économique

La France demeure une grande puissance économique. Avec produit intérieur brut (PIB) de plus de 3 200 milliards, elle se place au 7e mondial (2025), 9e en parité de pouvoir d'achat. Néanmoins son déficit commercial n'a cessé de s'aggraver depuis le début du XXIe siècle pour atteindre 80 milliards d'euros en 2024. L'économie française reste ouverte sur le monde avec plus de 43 000 filiales hors hexagone. L'Indo-Pacifique représente un marché de premier plan pour la France, la région génère 35 % du PIB planétaire et constitue un axe stratégique du commerce international, en particulier pour le transport maritime (90 % des échanges mondiaux) qui emprunte des passages incontournables tels que les détroits de Malacca, de Taiwan, d'Ormuz ou encore de Bab el-Mandeb. 7 000 filiales d'entreprises françaises y sont implantées, concentrant 17 % des échanges commerciaux extérieurs du pays, proportion portée à 35 % si l'on exclut le commerce intra-Union européenne.

En 2022	En millions d'€ hors matériel militaire	En part des exportations (hors UE)	En part des exportations totales
Exportations vers la zone Indo-Pacifique	66 438	34 %	14 %
Importations de la zone Indo-Pacifique	95 938	40 %	18 %

Source : Stratégie Indo-Pacifique de la France, version 2022 (en ligne sur diplomatie.gouv.fr)

La présence économique française à l'étranger s'articule autour de plusieurs associations ou institutions, dont l'activité est de favoriser et rapprocher les différents acteurs économiques français. L'Agence française de développement dispose de 85 agences et 17 bureaux à l'international, 20 % des dépenses sont allouées à la région Asie-Pacifique. Business France accompagne les PME et les ETI à l'international et facilite les investissements étrangers en France. La structure gère également le dispositif du volontariat à l'international en entreprise (VIE) ou en administration (VIA), pour les jeunes actifs partant travailler en entreprise ou administration françaises pendant 6 à 24 mois. Depuis 2001, près de 88 000 jeunes Français ont ainsi effectué une mission de volontariat dont près de 20 % dans la zone Indo-Pacifique. Les chambres de commerce et d'industrie (CCI) sont chargées de représenter les intérêts des entreprises commerciales expatriées. Elles regroupent des entreprises françaises et étrangères et organisent des événements publics, du lobbying et des réseaux souples et sur mesure. En Indo-Pacifique, l'économie maritime ouvre de nombreuses perspectives de croissance et de développement pour l'économie française : la pêche, le commerce maritime, la conchyliculture, la pisciculture, les activités de plaisance, les ressources minières dans les fonds marins, mais aussi les activités indirectement liées à la mer comme le tourisme balnéaire ou la sécurité maritime pour prendre en compte les risques inhérents à la navigation en mer.

Une puissance militaire en Indo-Pacifique

La France dispose d'un dispositif militaire de forces prépositionnées qui, dans l'Indo-Pacifique, s'articule autour de deux composantes :

– Un dispositif de présence qui résulte d'accords bilatéraux avec des pays d'accueil (Djibouti, Émirats arabes unis). Ces accords prévoient généralement une clause d'assistance en cas de menace de l'intégrité du territoire.

– Une force de souveraineté de 7 150 militaires dans les collectivités d'outre-mer : Antilles, Guyane, océan Indien (Mayotte et l'île de La Réunion), océan Pacifique (Nouvelle-Calédonie, Polynésie française).

Longtemps délaissé par la puissance militaire française, l'Indo-Pacifique est devenu une zone stratégique dans les années 1960 lorsque la France réalisait des essais nucléaires. Elle a ainsi procédé à 41 essais atmosphériques et 152 essais souterrains entre 1966 et 1996 sur les atolls de Moruroa et Fangataufa en Polynésie française. Et la zone est toujours un théâtre stratégique de première importance par sa superficie. Les plus de 10 millions de km² de ZEE française constituent ainsi un espace immense qui impose d'énormes contraintes. S'y ajoutent la menace djihadiste dans la région du Moyen-Orient et en mer rouge, la concurrence stratégique à Djibouti avec l'implantation de la première base extraterritoriale chinoise et les défis de souveraineté dans le canal du Mozambique à Mayotte et aux îles Éparses.

Pour le ministère des Armées, la région Indo-Pacifique est déjà une réalité opérationnelle qui englobe cinq commandements militaires répartis entre :

– Les forces prépositionnées de souveraineté déployée dans les CFIP : les Forces armées de la zone sud de l'océan Indien (FAZSOI), les Forces armées de la Nouvelle-Calédonie (FANC), les Forces armées en Polynésie française (FAPF)

– Les forces de présence à l'étranger dans le cadre d'accords bilatéraux avec les Émirats arabes unis et Djibouti (FFEAU, FFDj).

Commandement militaire	Effectifs
FAZSOI	1 900
FFDj	1 400
FFEAU	700
FAPF	1 000
FANC	1 600

Près de 7 000 militaires, une demi-douzaine de frégates de surveillance, de patrouilleurs et une trentaine d'aéronefs stationnent en permanence dans la zone indo-pacifique. Un réseau de 18 attachés de défense accrédités dans 33 pays vient compléter le maillage géographique et stratégique de la région. Les forces françaises en Indo-Pacifique ont ainsi pour principales missions d'assurer l'intégrité et la protection du territoire, de contribuer au maintien de la souveraineté de la ZEE, de soutenir l'action de l'État et de constituer des points d'appui pour conduire des opérations régionales. Elles remplissent les engagements de l'État vis-à-vis du pays hôte, ainsi que des missions menées sous l'égide de l'Union européenne ou de l'ONU. Elles contribuent également à la prévention de crise, la préservation des espaces essentiels à l'activité économique (golfes d'Aden et persique) et l'évacuation éventuelle de ressortissants français (Yémen, Libye). Les forces prépositionnées en permanence sont complétées par des déploiements ponctuels. Ces missions ont pour objectif de démontrer la capacité de projection permanente réactive des forces et de garantir la liberté d'action de la France dans les espaces communs, à l'instar des missions de projection aérienne Pégase, un dispositif aérien d'envergure déployé en Asie du Sud-Est et dans le Pacifique depuis la métropole, mobilisant plusieurs centaines d'aviateurs et des dizaines d'aéronefs, dont des avions Rafale. Ce type de mission vise également à soutenir l'exportation du matériel français, l'Indo-Pacifique constituant un marché privilégié pour la base industrielle et technologique de défense (BITD) française (Inde, Indonésie notamment). En 2025, dans le cadre de la mission Clemenceau, le porte-avions *Charles de Gaulle* (*CDG*), accompagné de son groupe aéronaval (GAN) – constitué d'une trentaine d'aéronefs et de cinq navires de guerre – a mobilisé près de 3 000 militaires, déployés pendant 150 jours de la Méditerranée jusqu'aux confins du Pacifique occidental. Ce déploiement a porté à un niveau inédit les partenariats de la Marine nationale en Indo-Pacifique, structurés autour de trois moments clés : l'exercice de sécurité maritime

La Pérouse 25, mené avec 8 nations riveraines de la région dans les détroits d'Asie du Sud-Est (Malacca, Lombok, Sonde) ; l'exercice trilatéral Pacific Steller aux côtés des États-Unis et du Japon ; et l'exercice annuel franco-indien Varuna. Symbole des bonnes relations qu'entretient la France dans la région, le *CDG* a, pour la première fois de son histoire, fait escale aux Philippines (Subic Bay), en Indonésie (Lombok, où le ministre Sébastien Lecornu s'est rendu) et a fait une étape remarquée à Singapour. Le GAN est donc un puissant levier géopolitique que la France exploite pour affirmer ses ambitions en Indo-Pacifique. La France dispose donc de capacités militaires opérationnelles dans la zone Indo-Pacifique, mais celles-ci sont toutefois limitées. Une collaboration avec différents partenaires s'avère indispensable pour assurer la sécurité régionale des CFIP.

Réseau d'alliances et interopérabilité

La France entretient des relations de collaborations et d'interopérabilité avec ses partenaires régionaux, à travers l'organisation de dialogues militaires, d'exercices bilatéraux et multilatéraux, et aussi dans le cadre d'engagement et d'alliance militaires.

Forums de sécurité régionaux auxquels la France participe
Indian Ocean Naval Symposium Créé en 2008, cet événement bisannuel des États riverains de l'océan Indien est une rencontre entre les différents chefs d'état-major sur la sécurité maritime et la coopération des différents acteurs. Composé de 25 membres de plein droit, la France en a assuré la présidence entre 2021 et 2023.
Western Pacific Naval Symposium Ce forum regroupe 21 pays de la région Pacifique, dont la Chine et les États-Unis. La France y est généralement représentée par le commandant des FAPF.

Forums de sécurité régionaux auxquels la France participe
South Pacific Defence Ministers' Meeting
Forum régional regroupant les ministres de la Défense des différents pays du Pacifique Sud. La France y est traditionnellement représentée par le commandant supérieur des FANC.
Chief of Defence Seminar
Conférence annuelle des chefs de la Défense des nations de la région Asie-Pacifique.
Putrajaya Forum
Organisé par le ministère de la Défense malaisien, il rassemble de hauts dirigeants et des professionnels du milieu de la défense pour discuter des questions de défense et de sécurité dans l'Indo-Pacifique. Un représentant français y participe chaque année.
Raisina dialogue
Conférence multilatérale informelle organisée depuis 2016 tous les ans à New Delhi. La France y est représentée par des ambassadeurs et certains universitaires membres de think tanks.
Tokyo Defence Forum
Événement politique annuel organisé depuis 1996, par le ministère de la Défense japonais. En 2019 il a réuni 28 pays, dont la France.
Seoul Defence Dialogue
Dialogue multilatéral sur la sécurité lancé en 2012 pour promouvoir la paix et la stabilité en Asie du Nord-Est. La France y est représentée chaque année.
South West Pacific Heads of Maritime Forces Meeting
Réunion des chefs des forces maritimes du Pacifique Sud-Ouest. Un officier supérieur de la Marine nationale y représente la France.
Pacific Environmental Security Forum
Le Forum de l'USINDOPACOM sur la sécurité environnementale dans le Pacifique a pour but d'explorer des solutions aux problèmes de sécurité environnementale dans toute la région indo-pacifique. L'ambassadeur de France en Nouvelle-Zélande et certaines directions du ministère des Armées y participent régulièrement.

Les forces armées françaises ont également pris l'initiative d'organiser plusieurs exercices militaires internationaux.

Exercices militaires	Forces françaises	Partenaires
Marara : Organisé en Polynésie française l'exercice simule un cyclone de catégorie 4.	FAPF : 600 militaires mobilisés	Australie, Chili, Nouvelle-Zélande, Vanuatu, et États-Unis
Papangue : Exercice interarmées organisé à La Réunion. Un déploiement terrestre aérien et maritime simultané pour simuler une exfiltration de ressortissants.	FAZSOI : 1 200 militaires mobilisés	Comores, île Maurice et Seychelles
Croix du Sud : Organisé en Nouvelle-Calédonie, l'exercice prépare une intervention en cas de crise humanitaire.	FANC : 2 000 militaires mobilisés	Australie, Nouvelle-Zélande, Chili, Fidji, États-Unis, Indonésie, Papouasie-Nouvelle-Guinée, Royaume-Uni, Tonga, Vanuatu
Pégase : Grande tournée asiatique de l'AAE. L'objectif de cette mission est double : militaire pour cultiver les alliances régionales, économique pour soutenir l'industrie de l'armement.	AAE : 120 aviateurs, 1 A400M, 1 A310, et 1 ravitailleur C-135 et 3 avions de combat Rafale	Inde, Australie, Malaisie, Indonésie, Vietnam, Singapour
Skyros 2021 : Projection longue distance de l'AAE (14 000 km) pour aller s'entraîner avec d'autres forces aériennes.	AAE : 7 avions, dont 4 Rafale mobilisés	Djibouti, Inde, EAU, Égypte

Exercices militaires	Forces françaises	Partenaires
La Pérouse : Entraînement naval multinational organisé par la Marine nationale française, visant à renforcer l'interopérabilité entre les marines alliées dans l'Indo-Pacifique.	Groupe aéronaval de la Marine nationale	Australie, Canada, USA, Inde, Indonésie, Malaisie, Singapour, Royaume-Uni

Les armées françaises, en marge des escales aériennes et maritimes, prennent également part aux nombreux exercices militaires multilatéraux organisés par d'autres pays. Ces missions permettent d'améliorer la connaissance mutuelle et de créer des liens entre les différentes forces armées partenaires :

Exercices multilatéraux	Pays organisateur	Forces françaises
RIMPAC : Plus grand exercice naval au monde au large de Hawaï. Peut compter jusqu'à 26 nations, 45 navires et sous-marins, 200 aéronefs et 25 000 militaires.	États-Unis	Marine nationale, Frégate Prairial
South Kapito : Simule une crise politique nécessitant l'intervention du FIP.	Nouvelle-Zélande	FANC et FAPF
Pitch Black : Exercice aérien de trois semaines, 16 pays hôtes, 140 aéronefs, 4 000 militaires.	Australie	AAE : 3 Rafale, 120 aviateurs, un avion CASA

Exercices multilatéraux	Pays organisateur	Forces françaises
Cobra Gold : Exercice conjoint multinational réunissant plus de 20 pays.	Thaïlande	FAPF
Komodo : Exercice qui réunit tous les deux ans une cinquantaine de bateaux militaires de plus de 30 pays.	Indonésie	Marine nationale, mission Jeanne d'Arc
Ulchi Freedom Guardian : Simule un scénario de l'invasion de la Corée du Sud par la Corée du Nord.	Corée du Sud	FAPF
Tafakula : Développe l'interopérabilité entre les différentes nations du Pacifique. Actions civilo-militaires.	Tonga	FANC
Kakadu : Favorise et renforce les partenariats en matière de sécurité et de missions humanitaires dans la région indo-pacifique. Lors de la dernière édition en septembre 2024, l'exercice a réuni plus de 10 navires et aéronefs et mobilisé environ 3 000 personnels militaires de plus de 30 pays.	Australie	FANC
ARC 2021 : Organise un assaut amphibie sur une île occupée.	Japon	Armée de terre, Marine nationale

Exercices multilatéraux	Pays organisateur	Forces françaises
Exercices bilatéraux franco-indiens : Interopérabilité dans le cadre du partenariat stratégique franco-indien. Shakti (terre), Varuna (mer), Garuda (air).	France, Inde	AAE, Marine nationale, Armée de terre

Au-delà des nombreux exercices que la France effectue dans la zone indo-pacifique, les forces armées contribuent aussi à certaines opérations multinationales.

Opérations multinationales	Organisme responsable	Forces françaises
Lutte contre la prolifération d'armes de destruction massive et contre le contournement des sanctions par la Corée du Nord.	ONU	FAPF, Frégate Prairial
Atalante : lutte contre la piraterie somalienne.	Union européenne	Marine nationale
Aspides : mission navale de protection des navires marchands contre les attaques des Houthis en mer Rouge	Union européenne	Marine nationale
Ocean Shield : opération maritime de l'OTAN dans la mer Rouge lancée en août 2009. Elle visait initialement à assurer la protection des convois alimentaires du programme alimentaire mondial.	OTAN	Marine nationale

Opérations multinationales	Organisme responsable	Forces françaises
Combine Task Force 150 : coalition multinationale de lutte contre le terrorisme et la piraterie somalienne, en place depuis 2002.	US Navy 5ᵉ flotte	Marine nationale
Opération Castor : organisée dans le cadre d'une collaboration entre la France et le Vanuatu, cette opération a pour objectif de rénover les bâtiments publics des îles les plus isolées de l'archipel, particulièrement les écoles francophones et les dispensaires.	FANC	Marine nationale, Bâtiment d'assistance et de soutien *d'Entrecasteaux*

Un autre moyen d'exercer une influence sur la géopolitique régionale, moins avouable et plus confidentiel pour la France, est l'exportation de matériel militaire.

La vente d'armes comme moyen de pression géopolitique et économique

Vendre des armes n'est pas un acte neutre, dénué de tout intérêt géopolitique. Le positionnement français est paradoxal. Patrie des droits de l'Homme, la France est depuis 2024 le 2ᵉ exportateur mondial d'armes, avec parmi ses clients des États peu fréquentables. La visite du Maréchal al-Sissi à Paris en 2020 en est une illustration. Le président égyptien a été accueilli en grande pompe à l'Élysée, mais avec un soin particulier pour que la visite reste discrète. Les médias français ont ironisé sur ce paradoxe : « Pour la première fois, nous sommes allés sur le site d'un régime autoritaire pour savoir ce qui se passe à l'Élysée. »

Les exportations de matériel militaire sont une composante importante de la diplomatie multimodale française. Si la France peut aujourd'hui porter sa voix dans le monde, c'est aussi grâce à ses partenariats stratégiques incluant des contrats d'armement, que ce soit en Inde, en Asie, au Moyen-Orient ou ailleurs. Entretenir des relations économiques avec ces pays, c'est garder une prise sur des régions clés pour ses intérêts de sécurité ou ses approvisionnements énergétiques, lutter contre le terrorisme et protéger ses ressortissants. La vente d'armes entraîne également une diffusion de standards d'entraînement, et de mise en application doctrinale. Avec les transferts de technologies, les conventions dépassent la simple vente d'armes et deviennent un calcul géopolitique, une protection à long terme. Ces relations dépassent le simple cadre économique, à travers la nature duale de certaines technologies, avec une diffusion de la culture opérationnelle et une accoutumance technologique. Quintessence du réalisme en matière de relations internationales, les exportations d'armements verrouillent une relation géopolitique et économique sur ce qu'il y a de plus précieux, la défense.

L'Indo-Pacifique constitue un marché d'export privilégié pour la base industrielle et technologique de défense (BITD) française.

Classement des pays exportateurs de matériels militaires	Part de marché mondial en 2024
1- États-Unis	43 %
2- France	9,6 %
3- Russie	7,8 %
4- Chine	5,9 %
5- Allemagne	5,6 %

Pays acheteurs d'armement français Période 2020-2025
1- Inde
2- EAU
3- Qatar
4- Égypte
5- Grèce
6- Indonésie
7- Croatie
8- Ukraine
9- Serbie
10- Arabie saoudite

Deux pays illustrent particulièrement l'importance de l'Indo-Pacifique pour la BITD française : l'Inde, partenaire de longue date et principal client français, et l'Indonésie, nouveau client phare. Pour l'Inde, plusieurs contrats sont emblématiques : 6 sous-marins de classe Scorpène « indianisés » – réalisés par les chantiers de Bombay – sont désormais en service, et 36 avions de chasse Rafale ont été livrés entre 2020 et 2022. En 2023, à l'issue du 14 juillet, l'Inde a annoncé l'acquisition de 3 sous-marins et 26 avions Rafale supplémentaires. En Asie du Sud-Est, l'Indonésie s'est quant à elle engagée en 2022 pour l'acquisition de 42 Rafale, 2 sous-marins de classe Scorpène, 13 radars longue portée Ground Master 400 auprès de Thales, ainsi que 2 avions de transport militaire Airbus A400M.

Secteur stratégique et hautement concurrentiel, la vente d'armes peut également causer des brouilles diplomatiques, même entre alliés. Ainsi en septembre 2021, quand l'Australie, ancien partenaire privilégié de la France dans la région a renoncé à l'acquisition de 12 sous-marins auprès du groupe français Naval Group, pour privilégier un partenariat avec les Américains

(AUKUS), la fureur de Paris fut à la hauteur du manque à gagner économique. Ce « contrat du siècle », estimé à 56 milliards d'euros, engageait le groupe pour 25 ans avec 4 000 emplois à la clé. Revers de la médaille ? *In fine*, l'exportation d'armements est l'interface, souvent ambiguë, entre les intérêts stratégiques de la France et le discours de principes dont sa diplomatie se réclame. D'autres pays européens ont pourtant adopté des mesures concrètes. En 2015, la Suède et l'Allemagne ont interrompu leurs ventes d'armes à l'Arabie saoudite (le plus gros importateur d'armes au monde). En Allemagne et aux États-Unis, il y a un contrôle parlementaire sur les exportations d'armements. En France la vente d'armes est une prérogative de l'exécutif qui s'appuie sur Direction générale de l'Armement (DGA) et la Commission interministérielle pour l'étude des exportations de matériel de guerre (la CIEEMG), service rattaché à Matignon, qui se contente souvent de ne pas empêcher la vente. Les rapports de ces deux instances ne sont pas rendus publics, seul un rapport annuel au parlement est public et recense les contrats passés, le montant des transactions par pays et les licences délivrées, mais ne précise pas le type de matériel vendu ni le fabricant ou la quantité exportée.

La France dispose donc de leviers de puissance diplomatique, culturelle, scientifique et militaire qui lui sont propres dans la région indo-pacifique. Les ambitions françaises sont pourtant confrontées aux réalités budgétaires. La LPM 2024-2030 prévoit près de 413 milliards d'euros de crédits cumulés pour le secteur de la défense. Cet effort budgétaire colossal est à mettre en regard des capacités réelles de la puissance française en Indo-Pacifique, déjà engagée sur d'autres théâtres d'opérations. La France pourra-t-elle conserver son modèle d'armée complète, la seule en Europe, capable d'assurer des missions diverses et variées ?

Les spécificités de la stratégie indo-pacifique française

À chaque fois qu'elle a embrassé son statut de puissance maritime, la France a réussi à conquérir de nouvelles frontières, que ce soit en termes de connaissance ou de géopolitique (…) La France est la première puissance maritime d'Europe, et son statut d'État-archipel est un atout géopolitique unique qui fait de la France un partenaire mondial, une puissance indo-pacifique autant qu'une puissance européenne.

Emmanuel Macron, discours sur la politique de la mer, Montpellier le 3 décembre 2019

La France s'est longtemps détournée de toute ambition maritime, empêtrée dans des conflits terrestres et les politiques continentales de ses grands dirigeants, de Louis XIV à Napoléon Ier. Elle a souvent laissé passer sa chance de devenir une puissance maritime de premier ordre, mais surtout, elle a perdu son duel contre la Grande-Bretagne dans la quête d'hégémonie mondiale en 1763, avec le démantèlement de son Premier empire colonial, puis en 1805 à Trafalgar, et enfin en 1815 à Waterloo.

Pourtant, les grandes figures maritimes historiques françaises ne manquent pas. Louis-Antoine de Bougainville (1729-1811) a entrepris le premier tour du monde officiel français (1766-1769), le destin tragique de Jean-François de Galaup, comte de La Pérouse (1741-1788) suscite encore aujourd'hui l'intérêt scientifique, et les classifications géographiques de Jules Dumont d'Urville (1790-1842) sont toujours utilisées. Profondément marquée par ses rêves impériaux déchus, la diplomatie française oscille depuis entre attributs de puissance mondiale, et impératifs de puissances régionales.

La ZEE est un atout de grande puissance de la France, de sa vocation mondiale et universaliste. 93 % de cette ZEE se trouve en Indo-Pacifique et sa mise en valeur apparaît essentielle à l'heure où la place de la France dans le monde décline. Les perspectives géopolitiques en Indo-Pacifique permettent à la diplomatie française d'oublier un instant ses problématiques continentales et de pleinement se tourner vers l'Asie, l'Amérique du Sud et même vers le continent austral. L'éviction française de la zone équivaudrait à une marginalisation annonciatrice d'un déclin. Enlisée dans un conflit dans la bande sahélo-saharienne, l'Asie représente en effet des parts de marché conséquentes. À l'instar du *Pivot to Asia* opéré sous Obama, la France a initié un rééquilibrage vers l'Asie dont elle est une puissance riveraine. La stratégie indo-pacifique marque ainsi un tournant conceptuel, une nouvelle doctrine géopolitique, un pivot asiatique et thalassopolitique de la puissance française.

L'Indo-Pacifique français, l'expression d'une ambition mondiale

Nation foncièrement terrestre, la France a pourtant exercé sa puissance sur tous les bassins de l'océan mondial. Cet ancrage maritime lui permet de conserver des attributs de grande puissance. Ses positions en Méditerranée sont anciennes, héritage des croisades, les chevaliers de l'ordre de Malte constituant l'ossature de la première marine de guerre française.La France a également un prisme atlantique. Déjà au XVIe siècle, une colonie française emmenée par Nicolas Durand de Villegagnon (1510-1571) a tenté la grande aventure au Brésil, cette France « antarctique » connaîtra un destin éphémère et tragique, d'autres tentatives seront menées au fil des siècles avec plus ou moins de succès. Dans l'océan Indien, La Réunion était une île sans habitants permanents avant que les Français n'y arrivent en 1642. Les escadres du bailli de Suffren (1729-1788) et de Robert Surcouf (1773-1827) auront été les heures des gloires de la marine française. Le français est encore la *lingua franca* à l'île Maurice, anciennement Isle de France et dans une partie de l'Indianocéanie. Dans les Terres australes et antarctiques françaises (TAAF), la compétence scientifique française rayonne depuis 1930. Enfin, dans le Pacifique, la France a longtemps été en retard par rapport à ses concurrents européens. Le grand Océan fut découvert et baptisé par un navigateur portugais, Fernand de Magellan (1480-1521). Puis les Espagnols, encore à la recherche du continent inconnu, censé faire contrepoids à l'Eurasie, profitèrent de la vice-royauté du Pérou, pour explorer les rives immenses de l'Océan inconnu. Les Hollandais surtout présents en Asie du Sud-Est dès le XVIIe siècle ont également occupé une colonie en Papouasie occidentale de 1828 à 1962, et c'est également le Néerlandais Jakob Roogeveen qui a découvert l'Île de Pâques en 1722. Les corsaires britanniques croisèrent à travers les deux océans pour alimenter l'empire thalassocratique. Aujourd'hui, encore, 11 des 54 États du Commonwealth se trouvent dans le Pacifique. Les Français se contentèrent de voyages d'exploration aussi prestigieux que fantasmés, notamment le voyage de Bougainville qui eut un retentissement en France métropolitaine et en réaction duquel Denis Diderot rédigera un ouvrage. L'expédition La Pérouse (1785-1788) en fait partie, dont le mystère du naufrage au large de Vanikoro (îles Salomon) ne sera vraiment élucidé qu'en 1964. Une association créée par Alain Conan (1944-2017) cherche encore à savoir ce qu'il est advenu des rescapés du naufrage.

La colonisation politique intervint plus tardivement, tant pour vider les prisons de métropole en Nouvelle-Calédonie, que pour exercer une influence économique. La célèbre Affaire Pritchard à Tahiti en 1844 permit quant à elle à la France de prendre le contrôle de l'île au détriment de la Grande-Bretagne. Malgré les mouvements de décolonisation au lendemain de la Seconde Guerre mondiale, certains territoires sont restés sous souveraineté française, notamment en Indo-Pacifique et confèrent aujourd'hui à la France une puissance géopolitique importante.

La notion d'Indo-Pacifique n'est pas étrangère non plus au milieu des spécialistes politiques et stratégiques en France. Le concept est même utilisé par la diplomatie au sein d'un Conseil indo-pacifique des pêches dès 1948, auquel la France est l'un des premiers pays à adhérer. Le concept est progressivement devenu l'espace géographique de référence pour encapsuler les enjeux géostratégiques et géopolitiques de la France dans cette région. Des spécialistes ont assimilé la notion depuis presque une décennie, à l'instar de Barthélemy Courmont qui reprend la formule d'un axe indo-pacifique pour qualifier la relation indo-australienne dans la revue *Hérodote* dès 2012. Un ancien attaché de défense au Japon suggère l'adoption de la nomenclature dans une revue de l'IRSEM en 2013. La diplomatie va progressivement adopter le lexique. Dès 2016, Jean-Yves Le Drian affirme que « l'ensemble géopolitique formé par l'Asie et l'espace indo-pacifique, foyer de dynamisme économique, de croissance démographique et d'innovation technologique, constitue une source de prospérité globale présentant des vulnérabilités. » Le Président Macron est le premier chef de l'État à adopter l'élément de langage lors d'un discours en Australie, repris plus tard par l'ensemble des services concernés. Une stratégie Indo-pacifique est formalisée dans un premier document interministériel de communication publique paru en 2019, actualisée en 2022, puis en 2025. Cette nouvelle nomenclature témoigne d'une évolution dans les représentations de la puissance française. Un temps résigné au statut de puissance moyenne, la diplomatie française développe, à travers le lexique indo-pacifique, une nouvelle ambition mondiale. Néanmoins, malgré la spécificité de ses attributs de puissance, la stratégie française reprend des éléments de langage élaborés à l'étranger, notamment à Washington. D'aucuns y voient un alignement de la stratégie française sur la politique internationale américaine.

L'Indo-Pacifique français, la Chine et les États-Unis

La résurgence de l'usage du terme Indo-Pacifique par les stratèges américains et leurs alliés n'est pas anodine et constitue une nouvelle doctrine stratégique pour contrer les ambitions chinoises. À l'instar de ses partenaires, la RPC apparaît toujours en filigrane dans le discours indo-pacifique français. Les inquiétudes vis-à-vis de la montée en puissance chinoise sont évoquées par le Président Macron dans chaque discours sur l'Indo-Pacifique (Garden Island, Nouméa, Conférence des ambassadeurs à Paris, New Delhi, Tokyo, Papeete, Singapour, etc.). Ces références systématiques sont révélatrices d'une inquiétude française et symbolisent les ambiguïtés de la relation sino-française. Caractérisée par un intérêt et une méfiance séculaires réciproques, la relation bilatérale commence au XVIIe siècle quand des missionnaires jésuites arrivent à Pékin. Elle se prolonge sur fond d'ambitions coloniales françaises en Asie et de formations idéologiques de grands leaders chinois à Paris (Zhou Enlai, Deng Xiaoping). En 1964, la France du général de Gaulle reconnaît la Chine communiste de Mao Zedong au détriment du régime de Taiwan. Cette reconnaissance, pour un pays occidental, constitue la pierre angulaire de la relation sino-française. Quand Charles de Gaulle décède en 1970, les drapeaux sont mis en berne place Tiananmen et les mémoires du Général sont traduites en chinois. Néanmoins, la relation bilatérale se dégrade progressivement, notamment sous la présidence de Nicolas Sarkozy, vivement critiqué par la diplomatie chinoise pour avoir rencontré le dalaï-lama en Pologne en 2008. Emmanuel Macron quant à lui, est plutôt populaire en Chine. 马克龙 (Mǎkèlóng), translittération phonétique de son nom en chinois signifie le cheval qui dompte le dragon, très proche du fameux 马卡龙, les macarons. Par ailleurs, le Président français tient dans le cadre bilatéral franco-chinois un discours policé, conscient que Pékin est un interlocuteur incontournable sur un certain nombre d'enjeux transnationaux : réchauffement climatique, dette des pays en voie de développement, guerre en Ukraine, crise au Moyen-Orient, etc. Les observateurs ont pu constater cette singulière approche française lors de la visite d'Emmanuel Macron en Chine en avril 2023, le président français appelant à cette occasion les Européens à ne pas « être suivistes » des États-Unis sur la question taiwanaise. Ces propos, largement critiqués en Occident, ont bien évidemment été appréciés à Pékin, la presse chinoise qualifiant le Président de « nouveau champion de l'autonomie stratégique ». Quelques semaines plus tard, lors du sommet de l'OTAN de Vilnius, Emmanuel Macron confirme son refus de voir une antenne de l'OTAN ouvrir à Tokyo, probablement pour ne pas susciter le mécontentement de Pékin, dont les officiels ont rappelé à de nombreuses reprises qu'ils voyaient d'un très mauvais œil l'extension de l'Organisation à la région Asie-Pacifique. La France juge qu'il est dans son intérêt de ne pas provoquer la Chine dans cette zone, à laquelle les ramifications de la relation franco-chinoise s'étendent désormais largement.

Les deux pays entretiennent donc une relation politique spécifique, qui ne se superpose pas aux autres pays occidentaux. Néanmoins, la relation économique apparaît comme des plus déséquilibrées. En 2024, le déficit commercial français à l'égard de la Chine s'élevait à près de 50 milliards d'euros, le plus grand déficit commercial bilatéral français. Les multinationales françaises ont certes fait des profits en Chine, mais cela n'a pas forcément irrigué l'ensemble du tissu économique national. Pire, cela a favorisé la désindustrialisation et la perte d'avantages compétitifs, de nombreux produits à haute valeur ajoutée étant désormais produits en Chine. Parallèlement, la diplomatie chinoise ne considère pas la France comme un acteur régional légitime. L'entreprise coloniale française en Asie (Indochine et guerres de l'Opium) aura laissé des traces dans la relation franco-chinoise. Le scepticisme de Pékin à l'égard de la présence française en Asie est d'ailleurs formulé par un amiral en 2013 lors du Shangri-La Dialogue « Pour nous la France, c'est en Europe. » Un autre événement en 2019, qui témoigne de l'intransigeance chinoise, est celui de la Frégate *Vendémiaire* de la Marine nationale dans le détroit de Formose. Invité par la marine chinoise pour les célébrations du 70e anniversaire de l'APL, le *Vendémiaire* a été approché par des navires de la marine chinoise lui intimant l'ordre de partir du détroit de Taiwan. En 2020, un rebondissement dans l'affaire des fameuses frégates de Taiwan a également envenimé la relation bilatérale sino-française. Cette relation est dans une certaine mesure devenue bicontinentale. Les CFIP à cet égard peuvent devenir une composante importante dans le futur des relations franco-chinoises. La stratégie indo-pacifique française est perçue à Pékin comme un alignement sur la stratégie américaine. Le discours inaugural du Président Macron sur cette stratégie avait d'ailleurs suscité la moquerie des organes de la presse nationaliste chinoise. Alignement ou consolidation d'un partenariat historique et stratégique, il faut concéder aux dirigeants chinois que les stratégies indo-pacifiques, française et américaine sont compatibles. Mais la relation franco-américaine dépasse le cadre strict de l'Indo-Pacifique et se caractérise souvent par une certaine ambiguïté, notamment dans son inversion progressive des rapports de force.

L'interface atlantique a longtemps dominé la relation, de la baie de Chesapeake (1781), victoire navale française décisive face à la flotte britannique lors de la guerre d'indépendance des États-Unis, à l'opération Overlord le 6 juin 1944 en Normandie. Pourtant, dès 1942, l'armée américaine a investi les territoires français du Pacifique, en installant des bases à Bora-Bora, en Nouvelle-Calédonie et même à Wallis-et-Futuna. La fin de la guerre ne marqua pas pour autant la fin de la présence américaine dans la région. L'US Navy proposa d'établir un protectorat sur l'île de Nouméa et d'entretenir un réseau de bases dans tout le Pacifique. Harry Truman ne prendra pas note de la proposition. La présence américaine éphémère va cependant durablement modifier le mode de vie des habitants de ces territoires qui jusque-là vivaient à l'écart de la mondialisation. Pendant la Guerre froide, les États-Unis s'appuient toutefois sur des alliés anglo-saxons plus traditionnels dans le Pacifique comme l'Australie ou la Nouvelle-Zélande.

Côté Américain, même si les velléités souverainistes françaises inquiètent, la France reste un allié fondamental. L'émergence du nouveau schème géostratégique indo-pacifique élargit le spectre de la relation franco-américaine qui ne se limite plus au seul prisme atlantique et européen. Les objectifs des deux pays en Indo-Pacifique se superposent très largement : la sécurisation des espaces maritimes, la liberté de navigation, la stabilité du Pacifique océanien et le maintien du *statu quo* dans le détroit de Formose. Dans la lutte contre prolifération nucléaire, la France et les États-Unis collaborent activement notamment sur le dossier nord-coréen. De même, sur la lutte contre les menaces non conventionnelles comme la piraterie dans le cadre de l'opération Atalante, ou Ocean Shield. À l'instar de l'US Navy, la Marine nationale exerce son droit de passage dans les différentes zones contestées de la mer de Chine et les frégates françaises transitent régulièrement dans les eaux internationales. Ce ne sont néanmoins pas des FONOPS comme le pratique l'US Navy, car les bâtiments de la Marine nationale ne s'approchent pas à moins de 12 milles nautiques des îlots revendiqués par la RPC. La collaboration franco-américaine en Indo-Pacifique se matérialise déjà au sein du QUAD Pacific (QDCG) avec l'Australie et la Nouvelle-Zélande et les axes de collaboration entre la France et les États-Unis en Indo-Pacifique devraient à terme se multiplier.

La stratégie indo-pacifique française a donc une influence fondamentale sur le devenir des relations franco-chinoises et franco-américaines. Les relations ne s'exerceront plus exclusivement dans le cadre européen, mais s'étendront aux océans Indien, Pacifique et au continent asiatique. Si la stratégie française correspond effectivement à un alignement stratégique partiel sur les orientations politiques des États-Unis, la diplomatie française, toujours à la recherche d'une approche singulière, a tenté de mettre en avant des spécificités propres à ses intérêts dans la zone. Paris a ainsi longtemps fait la promotion d'un axe Paris-New Delhi-Canberra, sorte de minilatéralisme de puissances régionales en dehors du duopole sino-américain. La détérioration des relations franco-australiennes, consécutive à l'annulation par l'Australie d'un contrat de vente de 12 sous-marins de Naval Group, a compromis ce projet. Toutefois, l'arrivée de la nouvelle administration du Premier ministre Anthony Albanese a contribué à réchauffer les relations bilatérales, et la page de l'AUKUS semble désormais tournée. L'idée d'un format trilatéral France-Inde-Australie est de nouveau évoqué dans la stratégie Indo-Pacifique française de 2025. D'autres formats minilatéraux sont néanmoins possibles, notamment avec des partenaires proches de la France et de l'Inde comme Singapour, l'Indonésie ou les EAU. Et, présidence de Donald Trump oblige, le Quai d'Orsay a également cherché à capitaliser sur le succès des accords de la COP21 à Paris en se faisant le chantre de certains idéaux abandonnés par les États-Unis comme la protection de l'environnement et le multilatéralisme. Surtout, la France dispose d'un attribut de puissance unique dans la zone : les CFIP. La diplomatie française fait de ses territoires ultramarins une composante essentielle de sa stratégie indo-pacifique.

L'Indo-Pacifique, comme alternative au déclin français en Europe

Longtemps grande bénéficiaire de la politique communautaire, la position française au sein de l'UE s'est dégradée progressivement. En 1969, Georges

Pompidou accepte l'entrée du Royaume-Uni dans la Communauté économique européenne, ce que le général de Gaulle avait toujours refusé. L'ouverture de l'UE à l'Est, avec désormais vingt-sept membres, remet en cause la place centrale de la France. Elle devient contributrice nette au budget européen et la politique agricole commune, autrefois très avantageuse pour les agriculteurs français se réforme. La diplomatie française devient minoritaire sur les sujets qui lui étaient chers et les mécanismes d'intégration de l'UE ne coïncident pas toujours avec les intérêts français. L'atlantisme est désormais majoritaire, le libéralisme économique d'inspiration anglo-saxonne est devenu la norme. La France reste un grand pays européen et méditerranéen, mais elle n'a plus les moyens d'imposer son point de vue au niveau communautaire, à part peut-être dans l'Indo-Pacifique. Elle est, en effet, le seul pays de l'UE souverain dans la zone, et le seul pays européen bénéficiant d'un outil militaire complet, autonome et opérationnel. D'autres pays s'y intéressent, notamment l'Allemagne, les Pays-Bas qui viennent adopter une doctrine officielle et même le Danemark, l'Italie et certains pays de l'Est. Mais la France dispose d'un avantage majeur : ses territoires ultramarins qui en font un « État archipel ». La diplomatie française veut dès lors jouer le rôle de porte-drapeau européen sur le sujet et incite ses partenaires européens à développer une stratégie régionale pour l'Indo-Pacifique. L'UE a d'ailleurs adopté une stratégie indo-pacifique propre, ce qui a été interprété comme une victoire diplomatique pour la France. Si les positions françaises se dégradent au sein de l'UE, et que la diplomatie française peine parfois à satisfaire ses ambitions européennes et continentales, l'Indo-Pacifique lui offre ainsi l'opportunité de réaffirmer son rôle de grande puissance européenne.

L'Indo-Pacifique : espace multidimensionnel de la puissance française

L'Indo-Pacifique confère à la France une profondeur stratégique multidimensionnelle :

– Terrestre à travers l'exercice de la souveraineté dans les CFIP.

– Maritime avec la 2e ZEE au monde.

– Aérienne avec 14 millions km² d'espace aérien sous responsabilité des autorités françaises.

– Extra-atmosphérique avec un réseau circum-terrestre de stations de contrôle satellitaire.

La vision française de l'Indo-Pacifique est à cet égard beaucoup plus large, beaucoup plus englobante que celle développée par les États-Unis. S'étendant de l'Afrique orientale au littoral Pacifique des Amériques elle devient un espace de l'affirmation de la puissance française.

La puissance maritime

La France dispose de la 2e plus grande ZEE au monde derrière les États-Unis avec près de 11 millions de km², et du plus grand domaine sous-marin.

Pays	Superficie de la ZEE	
	Rang	Superficie en km²
États-Unis	1	12 168 352
France	2	10 967 481
Australie	3	9 025 053
Russie	4	7 734 475
Nouvelle-Zélande	5	6 712 847
Royaume-Uni	6	6 621 856
Indonésie	7	6 025 110
Canada	8	5 793 222
Japon	9	4 317 017
Brésil	10	3 677 581

Territoire	Espace maritime en km²
Métropole	371 096
Saint-Pierre-et-Miquelon	12 387
Antilles françaises	151 076
Guyane	201 461
Mayotte	63 176
La Réunion	998 523
Îles Éparses	623 921
Îles Crozet	563 747
Îles Kerguelen	542 729
Saint-Paul et Amsterdam	506 688
Nouvelle-Calédonie	1 440 161
Wallis-et-Futuna	262 465
Polynésie française	4 793 620
Clipperton	436 431
Total ZEE	**10 186 526**
Total ZEE + extension plateau continental	**10 967 481**

À travers le programme Extraplac, programme d'extension du plateau continental (treize demandes sont en cours auprès de la Commission des limites du plateau continental des Nations unies), le domaine sous-maritime pourrait même s'agrandir. La France est la seule nation au monde présente dans tous les grands bassins géoéconomiques, il y a des enjeux qui en découlent, 97 % de la ZEE se situent en outre-mer, 93 % dans le bassin indo-pacifique.

Les attributs de puissance maritime français sont donc à première vue conséquents, néanmoins quelques vérités sont bonnes à rappeler.

Moins de 10 % de la population française est concernée par 99 % de la ZEE. La promotion de cet empire à vocation économique est souvent mise en avant, mais cet empire découle de la convention des Nations unies sur le droit de la mer signée à Montego Bay en 1994, qui indique (Partie VII Régime des îles, article 121 Régime des îles § 3) que « les rochers qui ne se prêtent pas à l'habitation humaine ou à une vie économique propre n'ont pas de ZEE ». La définition d'un rocher est donc fondamentale, car elle confère ou pas le droit à une ZEE. Or, un quart des territoires de l'Indo-Pacifique français sont dans cette situation. Depuis la décision du tribunal de La Haye rendue le 12 juillet 2016, le terme « rocher » doit être entendu de façon large, et non dans un sens purement géologique. Le tribunal rappelle qu'un « rocher » n'est pas composé uniquement de pierre, mais peut être constitué d'autres matériaux. Par ailleurs, si un élément maritime ne dispose pas d'une capacité objective d'accueillir une activité économique ou des habitations humaines, il ne peut prétendre à une ZEE et un plateau continental. Plusieurs territoires français sont donc potentiellement concernés par ce jugement, l'atoll de Clipperton, mais aussi plusieurs îlots des Tuamotus. Concernant les ressources potentielles des fonds marins, et dans l'éventualité qu'elles soient exploitables, cela nécessiterait un bassin d'emploi, des infrastructures d'extraction, des transports, et une dynamique économique régionale. Mis à part la Nouvelle-Calédonie, ces conditions ne sont réunies nulle part ailleurs dans l'Indo-Pacifique français. De surcroît, les autorités françaises ont, pour des raisons écologiques, abandonné toute ambition d'exploiter les hydrocarbures dans le golfe du Mozambique, alors que la technique d'extraction est maîtrisée par des multinationales françaises. Le manque de moyens pour la protection et la surveillance de l'immense ZEE française est également une problématique importante. La défaillance des autorités concernant les pêches illégales est régulièrement mise en avant, mais peut-il en être autrement ? Un tel dispositif maritime de surveillance est coûteux, pour très peu de bénéfice.

Actuellement ce nouvel « empire maritime » n'a que peu de réalité opérationnelle. Cette approche terrienne d'accaparation d'un territoire du monde océanique est contraire aux réalités physiques du monde marin. Cela suscite des obligations lourdes sans sécurité juridique. L'application du droit maritime international étant un processus encore en gestation sans force contraignante, les délimitations des ZEE n'engagent que ceux qui se les approprient. Cet « irrédentisme » français sur certaines poussières insulaires place d'ailleurs l'État dans des situations houleuses avec beaucoup d'États de l'Indo-Pacifique. En 2019, le Vanuatu a refusé que le bâtiment de la Marine nationale *d'Entrecasteaux* aborde l'île d'Anatom, en raison des activités de la France sur les îles contestées de Matthew et Hunter. Dans l'océan Indien, les contentieux territoriaux entre la France et ses voisins mettent à mal l'intégration régionale des collectivités françaises de la zone.

Enfin, la question du maillage des espaces maritimes de l'immense ZEE française se pose. Certes la Marine nationale est une marine de guerre reconnue, mais elle manque de bateaux et de marins pour assurer l'ensemble de ses missions. Comme le rappelait Patrick Boissier, président du groupement des industries de construction des activités navales dans une audition en 2016, le nombre de patrouilleurs destinés à la protection de nos ZEE « était à peu près équivalent à deux voitures de police pour surveiller le territoire métropolitain ». De plus, la haute-mer est un nouvel espace de conflictualité, nécessitant une préparation technologique, physique et humaine. Le combat naval en haute-mer n'offre que peu d'expérience récente. Et le manque de moyens est un problème récurrent dénoncé par de nombreux militaires et spécialistes. À cet égard la France est dépendante des États-Unis dans de nombreux domaines. Ainsi, les pilotes de l'aéronautique navale sont-ils formés à l'appontage aux États-Unis.

L'élément terrestre : l'influence française sur les pourtours de l'Eurasie

Souvent mise en avant pour sa dimension maritime, la stratégie indo-pacifique française est surtout légitime par l'exercice de la souveraineté dans les CFIP.

Pour la France, une présence aux deux extrémités eurasiennes dont découle la nouvelle politique indo-pacifique lui assure une place certes modeste, mais non négligeable sur l'échiquier géopolitique mondial. 2,7 millions de ressortissants français résident dans les treize collectivités territoriales. Le territoire national s'étend sur plus de 22 heures d'amplitude horaire.

L'espace aérien

La maritimisation de l'économie est devenue un leitmotiv des analyses socio-économiques de la mondialisation, mais l'essor prodigieux de l'aviation a aussi modifié les rapports internationaux. Pays pionnier en la matière, la France dispose aujourd'hui d'une politique aéronautique complète, en couvrant tous les champs de l'aviation : construction, compagnie aérienne, système de navigation, formation, armée de l'Air et de l'Espace (AAE). Les services aériens français administrent un espace aérien immense avec les territoires ultramarins :

14 000 000 km^2, dont 12 500 000 km^2 pour le seul Flight Information Region de Tahiti. Cette responsabilité confère des avantages notamment en termes de continuité territoriale et de connectivité. L'AAE participe pleinement à la mise en œuvre des axes de la stratégie de défense en Indo-Pacifique par ses forces déployées en permanence : le détachement air 190 Tahiti-Faa'a, la base aérienne 186 Lieutenant Paul Klein située sur l'aéroport de Nouméa-La Tontouta, la base aérienne 181 à Sainte-Marie de La Réunion, la base aérienne de Al Dhafra (à 30 km d'Abou Dhabi et 220 km des côtes iraniennes), la base aérienne 188 de Djibouti. Elle démontre régulièrement ses capacités de projection depuis les points d'appui avec des moyens aériens prépositionnés dans le cadre d'exercices militaires (Croix du Sud, Marara, Shikra) ainsi que par des déploiements ponctuels (Pégase, Skyros, Heifara). Ces missions ont pour objectif de démontrer la capacité de projection permanente réactive des forces et de garantir la liberté d'action de la France dans les espaces communs. L'AAE participe enfin à des missions internationales pour renforcer la coopération stratégique avec certains partenaires de la zone indo-pacifique. C'est le cas de la mission Wakea menée à Hawaï avec l'US Air Force, de l'exercice Garuda mené conjointement avec l'Indian Air Force, ou encore de la mission Pitch Black, un exercice multilatéral organisé par la Royal Australian Air Force.

La France, un acteur spatial majeur

Quelques éléments fondamentaux en matière spatiale sont utiles à rappeler. Les espaces aériens et extra-atmosphériques sont distincts. Une plateforme orbitale ne se comporte pas comme un aéronef, un satellite tourne autour de la Terre, il ne vole pas et dispose de très peu d'énergie à bord. Les possibilités opérationnelles sont donc limitées, mais permettent néanmoins la permanence, car tout point du globe est observable depuis un satellite en orbite. L'approche géopolitique de l'espace extra-atmosphérique est multilatérale, car il n'y a pas encore de souveraineté territoriale juridiquement établie et la France est un acteur spatial important. Le Centre national d'études spatiales (CNES) couvre un champ allant du lancement (la fusée Ariane) à l'observation et l'exploration, avec notamment des satellites à usage militaire comme les satellites CSO, Pléiades et CERES. La réalisation d'une mission spatiale nécessite ainsi trois éléments : un segment spatial (le satellite), un segment au sol (centre de contrôle, stations terriennes) et un segment de liaisons de données assurant l'interface entre le centre de contrôle et le satellite. Pour être en permanence en contact avec le satellite, le centre de contrôle doit pouvoir assurer une connexion radio avec celui-ci, c'est le rôle d'une station de poursuite de satellites. L'État doit donc bâtir un véritable réseau de stations disposées judicieusement autour du globe pour que la connexion entre le centre de contrôle et le satellite soit constante. Ces stations sont absolument indispensables au contrôle du satellite pendant la phase de mise à poste quand le satellite est séparé du lanceur, et la phase de maintien à poste quand le satellite est sur orbite pour opérer d'éventuelles corrections dues aux perturbations subies par l'orbite (causées par l'attraction terrestre, l'attraction solaire, la pression de radiation) ou pour le maintien opérationnel des systèmes du satellite.

L'outre-mer français constitue donc un atout géopolitique crucial pour la puissance spatiale française. Le site de lancement de Kourou en Guyane, par sa proximité de l'équateur et sa faible latitude, est un emplacement idoine pour le tir de satellites géostationnaires. La zone indo-pacifique joue également un rôle important pour l'observation spatiale. Une station de contrôle satellitaire est installée à Kerguelen dans les TAAF pour observer les satellites à orbite polaire, indispensables pour l'observation et l'écoute électronique des satellites à usage militaires. Lors des lancements de la fusée Ariane, la fusée largue le satellite sur son orbite définitive au-dessus de Kerguelen. C'est alors la station du CNES à Kerguelen qui récupère la première télémesure. À Kerguelen, 15 à 20 suivis sont opérés par jour, soit 6000 passages par an. Outre la station du CNES dans les TAAF, un réseau mondial de stations au sol pour couvrir la constellation du satellite Galileo, le nouveau système de géolocalisation européen, est également nécessaire. Ce réseau comprend des stations de réception, des centres de contrôle et des stations de liaison montante. Aux stations déjà déployées à Kourou, Nouméa, Sainte-Marie de La Réunion et Papeete, la construction de trente à quarante stations est prévue à Saint-Pierre-et-Miquelon, en Terre Adélie, à Kerguelen, à Mayotte, à Wallis et aux Marquises. La France, grâce aux territoires ultramarins et Indo-Pacifique, est l'un de seuls pays à disposer d'un réseau circumterrestre de stations de contrôle satellitaire. Ce réseau peut éviter de procéder à des négociations délicates et temporaires avec un pays tiers pour l'installation des stations.

Cet atout géopolitique est d'ailleurs convoité par plusieurs grandes puissances. La Chine par exemple a mis en orbite son propre système de géolocalisation concurrent au GPS, le système Beidou 北斗. Pas moins de 30 satellites ont été mis en orbite pour la troisième version du programme. Ce système de géolocalisation est également indispensable pour le guidage des missiles balistiques. Or c'est depuis le triangle polynésien que le suivi et le guidage de ces satellites sont effectués par un bâtiment de 10 000 tonnes de la marine chinoise équipé de radars de trajectographie : le Yuan Wang 6. Les passages fréquents de ce bâtiment à Papeete (2011, 2015) témoignent de cet intérêt.

L'espace extra-atmosphérique est devenu indispensable pour conduire des opérations militaires, c'est également devenu un terrain de confrontation entre différents acteurs des relations internationales. Pour faire face à ce nouveau défi, la France a créé en 2019 le Commandement de l'espace (CDE), intégré à l'AAE, qui a pour mission de protéger et défendre les intérêts militaires et civils de la France, ainsi que ceux des projets spatiaux européens. Pour faire face aux différentes menaces (cybernétiques, brouillage électromagnétique, sabotage, cinétique), une coopération internationale s'avère indispensable avec différents partenaires. Dans ce domaine, la stratégie indo-pacifique et la stratégie spatiale de défense du ministère des Armées se recoupent. L'Inde, le Japon, l'Australie et les États-Unis sont qualifiés dans les deux documents de partenaires stratégiques et des partenariats existent déjà : collaboration entre le CNES et la Indian Space Research Organisation pour les satellites Saral/Altika et Megha-tropiques, un dialogue spatial avec le Japon, piloté par le Secrétariat général de la défense et de la sécurité nationale, enfin la coopération franco-américaine en matière spatiale ne cesse de se renforcer, par exemple en 2020 la France a rejoint l'initiative Combined Space Operations pilotée par l'US Space force.

La surveillance militaire des objets spatiaux est également une prérogative de l'AAE, cette mission est la responsabilité du Centre opérationnel de surveillance militaire des objets spatiaux (COSMOS) sur la base aérienne 942 de Lyon Mont-Verdun. Ici aussi l'outre-mer présente plusieurs intérêts. Les territoires ultramarins sont moins exposés que l'Europe aux menaces balistiques, et les périodes d'ensoleillement sont complémentaires de celles de la France métropolitaine, permettant une observation permanente. Un rapport d'information de l'Assemblée nationale préconise même la création d'une antenne du COSMOS en outre-mer, par exemple en Nouvelle-Calédonie ou en Polynésie française. Outre la possibilité d'assurer une observation permanente, ce serait un signal d'implication fort de la France en Indo-Pacifique.

L'Indo-Pacifique, une stratégie ultramarine

En 1976 le journaliste Jean-Claude Guillebaud qualifiait les possessions ultramarines de « confettis d'Empire ». Dans cet ouvrage volontairement provocateur, l'auteur prédisait l'indépendance imminente des dernières collectivités ultramarines françaises. Ce discours caustique n'a jamais été officiellement repris par les autorités françaises, même si l'outre-mer a longtemps constitué l'angle mort du discours politique français. Les dynamiques économiques et sociales spécifiques à chaque territoire sont souvent envisagées comme des questions insolubles que les gouvernements se repassent en espérant seulement que le fragile équilibre ne soit pas rompu lorsqu'ils sont au pouvoir. Pourtant, au lendemain des mouvements de décolonisation, la France reste la seule puissance européenne à disposer de territoires sur l'ensemble des bassins maritimes de la planète. Singularité historique que l'exécutif français cherche désormais à transformer en véritable ambition géostratégique. À travers les collectivités ultramarines, la diplomatie française se revendique comme un État insulaire de l'Indo-Pacifique, un État archipel. La sémantique indo-pacifique rapproche la France de l'Asie. L'île de La Réunion de l'Inde, la Nouvelle-Calédonie de l'Australie et du monde ASEAN, la Polynésie française du triangle polynésien, de la Chine et du Japon. Grâce aux CFIP, la France est à la fois un État mélanésien, polynésien et indianocéanien. Avec l'avènement du narratif indo-pacifique, l'outre-mer devient partie prenante des problématiques de relations internationales, car la diplomatie française a accès à des institutions multilatérales qui lui étaient jusqu'à présent fermées. La stratégie indo-pacifique donne de la crédibilité aux engagements de la France dans la région, notamment le devoir de l'État de protéger ses citoyens et faire respecter sa souveraineté. Les CFIP deviennent les garants des prétentions mondiales françaises.

Parallèlement, le gouvernement français cherche à ce que ses territoires d'outre-mer s'intègrent davantage dans leur environnement régional. Une simple stratégie politique adoptée depuis la métropole ne suffit cependant pas à créer un sentiment d'appartenance nationale, reste désormais à la France à s'inventer, à se construire une identité indo-pacifique. Et il y a beaucoup à apprendre des outre-mer, et des CFIP en particulier. Une identité ultramarine, un sentiment national existe *de facto*, et s'invente au quotidien dans sa diversité. À l'heure ou des problématiques identitaires et culturelles fragmentent le territoire métropolitain, les outre-mer illustrent dans leurs spécificités un certain vivre ensemble à la française. Par leur histoire, parfois douloureuse, les collectivités d'outre-mer apportent une expérience singulière à la construction d'une nation, d'une République française qui aspire à l'universalité. Les Ultramarins ne sont pas des Français de souche, aux racines gréco-romaines ou judéo-chrétiennes, mais ils sont majoritairement français par le choix, et c'est là que réside toute la spécificité du modèle assimilationniste français. Chacun de ces territoires ultramarins est partie intégrante de la nation française, et a fait le choix de demeurer français par voie de référendum en 1958 pour l'ensemble des CFIP, en 1974 et 1976 à Mayotte, puis en 2018, 2020 et 2021 en Nouvelle-Calédonie.

Point d'angélisme dans ce constat. Les Français d'outre-mer et les Français métropolitains ont en partie pris conscience du passé douloureux que constitue l'histoire ultramarine : les dérives coloniales, le racisme institutionnel, les sacrifices humains pour défendre la mère patrie. Encore aujourd'hui, les soldats ultramarins, représentent une part non négligeable des effectifs de l'armée française, et combattent auprès de leurs frères d'armes métropolitains sur l'ensemble des théâtres d'opérations où sont engagées les forces armées françaises. Ainsi un Kanak mélanésien, un Wallisien polynésien, un Caribéen de la Martinique, un Amazonien de Guyane, un « Américain » de Saint-Pierre-et-Miquelon peuvent partager des valeurs et une culture commune qui dépasse la simple francophonie : une certaine conception de la liberté, des aspirations à l'égalité, une fraternité multicontinentale, une communauté de destin. La diversité ethnique, physique, et religieuse va souvent de soi en outre-mer. Sur l'île de La Réunion, cinq grandes religions cohabitent sans polémiques ni références quotidiennes à la laïcité. La créolité, notion apparue dans les Caraïbes françaises, se veut un rempart contre tout enfermement identitaire. En Polynésie française, de nombreux Tahitiens peuvent revendiquer simultanément des origines européennes, polynésiennes et chinoises. Le vivre ensemble se construit de manière spécifique au quotidien. Le cadre républicain maintient la cohésion sociale et arbitre quand des tensions et des luttes apparaissent. Les outre-mer sont le symbole d'une symbiose culturelle, revendiquée par le système assimilationniste français.

Dans ce contexte, la suppression de la chaîne du service public France Ô (canal 19 de la TNT) en 2018 a interpelé nombre de citoyens français métropolitains et ultramarins. À l'heure où l'ensemble des services de l'État font la promotion d'une vision stratégique mondiale de la France à travers les territoires d'outre-mer, le gouvernement décide de supprimer la seule vitrine médiatique des outre-mer disponible sur le service public pour une audience métropolitaine. France Ô permettait d'appréhender la diversité sociale et d'œuvrer à l'ouverture d'esprit culturel français. Cette disparition démontre un certain désintérêt envers les territoires ultramarins, et leur faible considération au sein des médias français. L'Indo-Pacifique et plus généralement l'outre-mer français ne se définissent pas par la géographie, mais par une communauté culturelle qui unit les personnes. En supprimant France Ô, au-delà d'avoir cassé la vitrine de l'outre-mer en métropole, le gouvernement a réduit le lien que pouvait entretenir chacun de ces territoires entre eux et donc indirectement l'acceptation d'une identité proprement indo-pacifique.

Les collectivités d'outre-mer jouent un rôle majeur au service du dessein géopolitique indo-pacifique de l'État. Pourtant, les ambitions nationales et les intérêts des CFIP ne se conjuguent pas systématiquement, notamment vis-à-vis du développement de l'influence chinoise.

DÉCLINAISONS LOCALES D'UN CONCEPT GLOBAL, L'INDO-PACIFIQUE ULTRAMARIN

La République doit comprendre la diversité des outre-mer.

Nicolas Sarkozy, Discours à Païta en Nouvelle-Calédonie, 28 août 2011

Les CFIP sont liées entre elles, non par la géographie, mais par l'histoire de la colonisation française. Si le récit géopolitique indo-pacifique comporte des intérêts certains pour l'État, voire est un impératif géostratégique national (Al Wardi, 2021), qu'en est-il pour ces territoires ultramarins ? Est-ce dans leurs intérêts d'adopter une politique stratégique dirigée contre la RPC, principal acteur du développement régional depuis le début du XXIe siècle ? Quel sera l'apport de chaque CFIP dans la construction de l'édifice indo-pacifique français ? Si l'outre-mer peut être envisagé comme un lien avec ce qui est au-delà de l'océan, un levier de puissances éloignées, les CFIP sont longtemps restées en marge des grandes politiques nationales.

Leur statut administratif semblent avoir été élaboré au cas par cas : Mayotte est une collectivité territoriale unique, La Réunion est un département et une région, les TAAF sont des territoires d'outre-mer alors que cette désignation n'existe plus au regard de la Constitution, la Nouvelle-Calédonie a un statut propre, *sui generis*, la Polynésie française et Wallis-et-Futuna sont des collectivités d'outre-mer autonomes régies par l'article 74 de la Constitution, enfin l'île Clipperton est directement administrée par le haut-commissaire de la Polynésie française sous l'égide du ministre de l'Outre-mer. La révision constitutionnelle de 2003 introduit la notion de collectivité d'outre-mer (COM). C'est la fin de la fameuse distinction entre DOM-TOM, place désormais aux DROM-COM. L'ensemble de ces statuts peut être amené à évoluer. Certains constitutionnalistes, notamment Ferdinand Mélin-Soucramanien, se sont d'ailleurs déclarés favorables à l'évolution statutaire de certaines collectivités d'outre-mer. Cette réforme globale des statuts ultramarins consisterait à insérer « une clause outre-mer » dans la Constitution, un article unique, qui prévoirait une liste des compétences régaliennes. Pour les autres compétences, l'État et les collectivités concernées s'accorderaient et définiraient dans une loi organique les compétences exercées par la collectivité. En somme, un article constitutionnel « ultramarin » unique, et onze lois organiques. L'évolution statutaire calédonienne, qui entraînera inévitablement une révision constitutionnelle, constitue une bonne opportunité de remettre à plat ces statuts illisibles pour le commun des mortels.

Collectivité	Texte réglementaire
Polynésie française	Article 74 de la Constitution. Loi organique n° 2019-706 du 5 juillet 2019 portant modification du statut d'autonomie de la Polynésie française.
Wallis-et-Futuna	Article 74 de la Constitution. Loi n° 61-814 du 29 juillet 1961 conférant aux îles Wallis-et-Futuna le statut de territoire d'outre-mer.
Nouvelle-Calédonie	Articles 76 et 77 de la Constitution, statut *sui generis*. Loi organique n° 99-209 du 19 mars 1999 relative à la Nouvelle-Calédonie. Statut en cours de transition dans le cadre des négociations post-référendaires.
Mayotte	Article 73 de la Constitution. Loi organique n° 2010-1486 du 7 décembre 2010 relative au département de Mayotte.
La Réunion	Article 73 de la Constitution.
TAAF	Article 72-3 de la Constitution. Loi n° 2007-224 du 21 février 2007.
Clipperton	Article 72-3 de la Constitution. Loi n° 2007-224 du 21 février 2007.

Les statuts différenciés dans le cadre de l'UE (PTOM-RUP) ajoutent une strate de complexité. Cette diversité statutaire est révélatrice d'une certaine fragmentation des politiques publiques à l'égard de ces collectivités. Pourtant, avec l'émergence du nouveau schème indo-pacifique, les CFIP deviennent une composante essentielle de la stratégie internationale française.

Les CFIP, des contextes géopolitiques spécifiques

Les CFIP partagent des caractéristiques géographiques, économiques et politiques communes : un enclavement géographique marqué par l'insularité, un éloignement des grands centres économiques de la mondialisation, des transferts financiers de l'État importants entraînant une grande dépendance à l'égard de la métropole, de graves problèmes sociaux, économiques et une précarité sociale omniprésente.

Le contexte géopolitique de l'Indo-Pacifique français ne se superpose pas à celui de la métropole. Chaque CFIP est également confrontée à des problématiques spécifiques qui se manifestent de manière différente dans chaque territoire. La souveraineté française y est contestée à des degrés divers. De l'intérieur par des mouvements indépendantistes plus ou moins influents, mais aussi de l'extérieur par des États étrangers. Ces situations géopolitiques ont amené le législateur français à adopter des statuts d'autonomie très large dans certaines CFIP. La souveraineté française, pourtant une et indivisible, est parfois « partagée » en Indo-Pacifique.

Des caractéristiques géopolitiques communes

L'outre-mer français présente une palette variée de collectivités présentes dans tous les bassins hydrographiques de la planète. Dans l'Indo-Pacifique, les CFIP ont en commun d'être des territoires insulaires, enclavés, difficiles d'accès, mal reliés aux territoires voisins et au reste du monde et dépendants économiquement des transferts financiers de l'État. En résultent des indices de précarité plus importants qu'en métropole, mais un niveau de vie supérieur à celui de leurs environnements régionaux.

	Superficie	Population
Polynésie française	4 167 km²	275 918
Wallis-et-Futuna	124.2 km²	11 558
Nouvelle-Calédonie	18 575 km²	271 407
La Réunion	2 512 km²	855 961
Mayotte	376 km²	279 500
TAAF	439 672 km²	0
Clipperton	1.7 km²	0

L'île comme espace géographique est un morceau de terre marqué par son exiguïté et ses contraintes spatiales (Taglioni, 2006). Cet enclavement, cette rupture géographique, nécessite des adaptations avec un coût de transport largement supérieur à ce que l'on peut trouver sur les continents, rendant le prix des exportations et des importations prohibitifs. Des adaptations sont possibles, et les stratégies diverses : paradis fiscal (Palau, Samoa, Vanuatu), centre financier (Hong Kong, Singapour), valorisation de l'environnement naturel (La Désirade, Tetiaroa), hub touristique (Bora-Bora, Fiji), île centre de détention (Guantánamo, Manus, Nauru). Le marché intérieur, souvent réduit, empêche fréquemment toute possibilité d'être autonome économiquement. Ainsi, l'ensemble des CFIP sont des îles éloignées des grands centres économiques, et souffrent souvent d'un déficit d'accessibilité.

	Distance	Jours de mer (moy. 10 nœuds/h.)
Papeete		
Paris	15 600 km	31 jours
Nouméa	3 300 km	7 jours
Honolulu	4 300 km	10 jours
Los Angeles	6 600 km	13 jours
La Réunion	14 900 km	30 jours
Shanghai	11 000 km	25 jours
Santiago	7 900 km	18 jours
Matu-Uta		
Paris	16 000 km	36 jours
Nouméa	2 000 km	5 jours
Papeete	2 900 km	7 jours
Shanghai	8 200 km	19 jours
Los Angeles	8 000 km	18 jours
Nouméa		
Paris	16 700 km	38 jours
Papeete	4 600 km	10 jours
Syndey	2 000 km	5 jours
Auckland	1 800 km	4 jours
Los Angeles	10 100 km	23 jours
Shanghai	7 600 km	17 jours
Clipperton		
Paris	10 600 km	29 jours
Nouméa	9 800 km	22 jours
Papeete	5 400 km	12 jours
Nuku-Hiva	4 000 km	9 jours
Acapulco	1 200 km	3 jours
La Réunion		
Mayotte	1 430 km	3 jours
Port Saint-Louis	220 km	11 heures
Antananarivo	860 km	2 jours
Le Cap	3 000 km	7 jours
Paris	9 300 km	21 jours
Perth	6 000 km	14 jours
Shanghai	9 200 km	21 jours

	Distance	Jours de mer (moy. 10 nœuds/h.)
Mayotte		
La Réunion	1 430 km	3 jours
Anjouan	90 km	5 jours
Moroni	240 km	13 heures
Dar es Salam	940 km	2 jours
Shanghai	9 500 km	21 jours
Paris	8 000 km	18 jours
Kerguelen		
La Réunion	3 400 km	8 jours
Crozet	1 400 km	3 jours
Saint-Paul	1 330 km	3 jours
Paris	12 600 km	28 jours

Destinations, temps de vols et fréquences

	Temps de vol	Fréquence hebdomadaire
Nouméa		
Melbourne	4 h	3
Sydney	3 h	7
Brisbane	3 h	5
Auckland	3 h	6
Tokyo	9 h	7
Port-Vila	1h30	6
Osaka	9 h	2
Papeete		
Nouméa	5 h	1
Auckland	6 h	5
Los Angeles	9 h	9
Tokyo	12 h	2
Paris	21 h	11
Santiago	11 h	1
Honolulu	6 h	1
Singapour	9h	2
Bangkok	10h	2

	Temps de vol	Fréquence hebdomadaire
Matu-Uta		
Nouméa	3 h	3
Nadi (Fidji)	1 h30	2
La Réunion		
Johannesburg	4 h	3
Madagascar	1 h30	6
Mayotte	2 h30	3
Chennai	6 h	1
Canton	10 h	1
Paris	11 h	7
Maurice	40 min	20
Mayotte		
Paris	8 h	3
Marseille	8 h	2
La Réunion	2 h30	3
Dar es Salam	2 h25	1
Nairobi	2 h30	1
Moroni	1 h	7
Madagascar	1 h15	16

Les conséquences économiques et sociales

L'économie des CFIP est caractérisée par un coût d'importation important, conséquence directe de l'éloignement des principales routes maritimes commerciales (anneau Nord entre la Chine, l'Amérique et l'Europe) accentué par la fin du commerce de cabotage. L'ensemble des activités économiques est très dépendant des financements de la métropole. En Indo-Pacifique, le peu de produits exportés (nickel, perle noire, vanille, monoï, noni) sont subventionnés par l'État. La montée en gamme est la seule option pour envisager une plus-value. Le coût du transport devient une caractéristique essentielle pour le choix des spécialisations. Très peu d'échanges sont réalisés avec l'environnement régional direct. Dans le cas des CFIP, la permanence de la relation avec la métropole s'articule à travers des transferts économiques importants (dépenses budgétaires, exemptions fiscales), ce qui entretient souvent une économie de rente administrative. Malgré les transferts de l'État, de lourds problèmes économiques et une précarité sociale importante persistent. Le budget de l'État dédié aux collectivités d'outre-mer se traduit par une politique transversale de 90 programmes destinés aux populations ou entreprises ultramarines relevant de 30 missions spécifiques à l'outre-mer comme l'administration territoriale, la politique de la ville, l'éducation, la justice, l'offre de soins, la police. L'État a dépensé pour l'année 2023 en outre-mer plus de 27 milliards d'euros dont près de 11 milliards pour les CFIP.

Dépense budgétaire de l'État dans les CFIP	
Polynésie française	1,86 milliard d'€
Nouvelle-Calédonie	1,6 milliard d'€
Wallis-et-Futuna	149 millions d'€
La Réunion	6,3 milliards d'€
TAAF	15 millions d'€
Mayotte	1,366 milliard d'€
Total	**11,29 milliards d'€**

À ces dépenses budgétaires, il faut ajouter 5 milliards d'euros d'avantages fiscaux (réductions d'impôt sur le revenu, taux de TVA inférieur, exonération de taxe de consommation de carburants).

La dépendance économique dans les CFIP se caractérise par un commerce extérieur quasi inexistant et la prépondérance de la métropole dans les échanges de biens de consommation provenant de l'extérieur. Mise à part la Nouvelle-Calédonie, les CFIP sont dans un état de dépendance critique aux biens de consommation provenant de l'extérieur.

Taux de couverture des CFIP (exportation/importation) Si ratio < 100 = balance commerciale déficitaire (Source : Institut d'émission d'outre-mer, Tableau de bord des Outre-mer-2023, Banque de France)	
France	78,4 %
Wallis-et-Futuna	0.20 %
Nouvelle-Calédonie	76.1 %
Polynésie française	9,1 %
La Réunion	4.4 %
Mayotte	0,8 %

Échanges commerciaux des CFIP avec la métropole

(Source : Institut d'émission d'Outre-mer)

Collectivité	% import. métropole	% export. métropole	Classement métropole partenaire commercial
Nouvelle-Calédonie (2024)	40 %	8,3 % (contre 47,2 % pour la Chine)	La Chine est 1er partenaire commercial (29 %). La métropole est 2e (14 %).
Polynésie française (2017)	23 %	7 %	1er
Wallis-et-Futuna (2024)	27 %		1er
Mayotte (2021)	55 %	26 %	1er
La Réunion (2024)	60 %	37 %	1er

Indices de précarité dans les CFIP

(Source : Institut d'émission d'Outre-mer, Tableau de bord des Outre-mer-2023, Banque de France)

	Nle Calédonie	Polynésie française	Wallis-et-Futuna	Mayotte	La Réunion	France métrop.
Taux de chômage	13,3 %	9 %	17,5 %	34 %	18 %	7,5 %

	Nle Calédonie	Polynésie française	Wallis-et-Futuna	Mayotte	La Réunion	France métrop.
Taux de chômage (< 30 ans)	25,2 %	42 %	38,7 %	53 %	42 %	15,9 %
Indice GINI*	0.42	0.40	0.50	0.49	0.36	0.29
IDH** Rang mondial	0.789 50e	0.737 75e	0.637 107e	0.763 78e	0.775 54e	0.891 24e
Taux de pauvreté	19 %	27 %	21 %	77 %	36 %	15 %
PIB/hab. (en €)	31 542	19431	10 100	9 805	24 493	39 441

** Indicateur utilisé pour déterminer le niveau de répartition des richesses. Il varie entre 1 (situation inégalitaire extrême) et 0 (situation d'égalité parfaite).*

*** L'indicateur de développement humain, créé par le programme des Nations unies, mesure les inégalités sociales. Il regroupe trois indices, le PIB par habitant, l'espérance de vie et niveau d'éducation. Plus l'IDH se rapproche de 1, plus le niveau de développement du pays est élevé.*

Des îlots de richesse dans des archipels de pauvreté

Toutefois, si les CFIP ont des indices de précarité plus élevés qu'en métropole, le niveau de vie dans ces territoires demeure bien supérieur à celui de leur environnement régional.

Comparaison des indices de précarité des CFIP dans l'océan Indien

(Source : Institut d'émission d'Outre-mer, Tableau de bord des Outre-mer-2019, Banque de France)

	Comores	Madagascar	Mayotte	La Réunion	France
PIB/hab. (en $) Rang mondial	1 370 175e	523 202e	9 100 entre le Kazakhstan (86e) et Guinée équatoriale (85e)	25 105 entre l'Arabie saoudite (52e) et le Portugal (51e)	43 551 29e

	Comores	Madagascar	Mayotte	La Réunion	France
IDH Rang mondial	0.538 156e	0.521 162e	0.637 entre la Namibie (130e) et le Timor-Leste (131e)	0,775 entre Saint Kitts et Nevis (73e) et Antigua et Barbade (74e)	0.891 26e

La situation est particulièrement critique à Mayotte, où près de la moitié des 260 000 habitants seraient d'origine étrangère à grande majorité (95 %) comorienne. Moins de cent kilomètres séparent les îles de Mayotte et d'Anjouan (Union des Comores). Chaque année de nombreux Comoriens tentent la traversée entre les deux îles sur des embarcations de fortune, au péril de leur vie. Parallèlement, les Mahorais émigrent de plus en plus vers la métropole, particulièrement dans la ville de Marseille. L'ex-Président des Comores, Ahmed Abdallah Mohamed Sambi, avait même déclaré que « Marseille est la cinquième île des Comores ». Les chiffres varient en raison de l'absence de recensement ethnique officiel en France.Néanmoins, certaines estimations s'appuyant sur des enquêtes associatives et journalistes estiment le nombre de personnes d'origine comorienne à 80 000 individus, soit bien plus que les 50 000 habitants de Moroni. D'autres chiffres évoquent presque 300 000 Comoriens en France. Les transferts financiers de cette diaspora vers les Comores constitueraient entre 20 et 25 % du PIB comorien.

Comparaison des indices de précarité des CFIP/Océanie

Pays	PIB / hab. Rang mondial	IDH Rang mondial
Vanuatu	2 800 $ 161e	0.597 134e

Pays	PIB / hab. Rang mondial	IDH Rang mondial
Salomon	2 145 $ 170e	0.530 143e
Kiribati	1 958 $ 137e	0.588 137e
Tonga	5 605 $ 100e	0.717 100e
Samoa	5 737 $ 136e	0.704 104e
Papouasie-Nouvelle Guinée	3 803 $ 151e	0.541 156e
Australie	46 000 $ 20e	0.938 6e
Nouvelle-Zélande	38 565 $ 33e	0.921 14e
Nouvelle-Calédonie	36 000 $ 37e	0.789 59e
Polynésie française	19 000 $ 71e	0.737 90e

Les disparités économiques et sociales entraînent des phénomènes migratoires dans l'ensemble du Pacifique Sud. Les personnes originaires d'autres îles océaniennes, surnommées les « Pacific islanders », représentent près de 8 % de la population de Nouvelle-Zélande. La Polynésie française, par son éloignement géographique, est pour l'instant épargnée par ce phénomène. Mais, à Wallis-et-Futuna, l'exode en direction de la Nouvelle-Calédonie est une réalité. En 2019, 22 500 personnes déclarent appartenir à la communauté wallisienne et futunienne, soit environ 8,3 % de la population totale de l'archipel, plus nombreux donc que la population totale de l'archipel de Wallis-et-Futuna. La situation économique et sociale des CFIP est ainsi paradoxale. À l'échelle nationale, les indices de précarité sont plus élevés qu'en métropole. Mais, àl'échelle régionale, les CFIP ont elles aussi presque toujours un niveau de vie supérieur à celui des pays voisins. La situation économique reste cependant peu reluisante, aggravée par une crise du Covid-19 qui a frappé en plein cœur un secteur économique déjà sinistré. Pourtant, tous ces territoires disposent d'un fort potentiel énergétique, que les autorités publiques cherchent à développer.

Des territoires au fort potentiel énergétique, donc stratégique

La France dispose de la 2e ZEE au monde, et du plus grand domaine sous-marinier. Cette ZEE recèle un potentiel considérable à la fois énergétique, minéral et biologique. Diverses études ont démontré qu'il y avait abondance de minerais dans les fonds marins de la ZEE française du Pacifique, sous différentes formes de minéralisation :

– Sulfures polymétalliques hydrothermaux (Wallis-et-Futuna, Hunter et Matthew, Nouvelle-Calédonie, îles Saint-Paul et Amsterdam, archipel des Crozet, îles Kerguelen, Mayotte, Polynésie française). Les sulfures polymétalliques se caractérisent par de forts enrichissements en métaux de base : fer, zinc, cuivre.

– Encroûtement de manganèse cobaltifère aux Tuamotu (Polynésie française), aux îles Éparses, à Mayotte, aux îles Kerguelen : ces encroûtements sont constitués d'oxydes de fer, de manganèse, de cobalt et de platine.

– Nodules polymétalliques à Clipperton et en Polynésie. Ils sont surtout composés d'hydroxydes de manganèse et de fer, mais également de terres rares.

Les fonds marins et leur potentiel énergétique sont aujourd'hui au premier plan de l'actualité alors que les cours des matières premières s'envolent et que les multinationales spécialisées dans l'exploitation minière réalisent des investissements massifs. Une attention particulière est portée aux nodules polymétalliques, ressources minérales stratégiques, car riches en différents minerais, qui se trouvent dans les fonds marins, souvent à plus de 4000 mètres de profondeur. Les techniques d'extraction sont connues, mais la rentabilité reste encore incertaine. Ces projets suscitent une mobilisation croissante des autorités locales autour de la gestion des effets économiques, sociaux, mais aussi environnementaux. L'opération de raffinage est compliquée et très polluante. Les nodules polymétalliques contiennent des terres rares, utilisées principalement dans les produits de haute technologie (téléphones portables, tablettes, écrans plasma), mais aussi dans les produits de nouvelles technologies vertes comme les éoliennes. La Chine dispose aujourd'hui d'un quasi-monopole dans la production de métaux stratégiques, et particulièrement celle de terres rares. Elle n'en est pas seulement le premier producteur, mais aussi le premier consommateur. Engloutissant 45 % de la production mondiale des métaux industriels, la Chine a désormais trusté toute la chaîne de production (Pitron, 2019). Son monopole s'étend à toutes les étapes de production, et devient naturellement un atout politique. En 2023 Pékin maîtrise encore près de 70 % de la production et 85 % du raffinage.

Réserves des terres rares dans le monde
(Source U.S. Geological Survey, Rare Earth Statistics and information, 2020)

Pays	Production en 2020 (tonnes)	Réserves (tonnes)
Chine	140000	44000000
États-Unis	38000	1500000

Pays	Production en 2020 (tonnes)	Réserves (tonnes)
Australie	17 000	4 100 000
Brésil	1 000	21 000 000
Myanmar	30 000	–
Inde	3 000	6 900 000
Madagascar	8 000	–
Russie	2 700	12 000 000
Thaïlande	2 000	–
Vietnam	1 000	22 000 000

L'exploitation de ces ressources dans les CFIP offrirait à la France de multiples atouts sur les plans économique, politique et stratégique. Elle apparaît technologiquement possible, mais économiquement improbable, car non rentable et tributaire de la variation du coût du minerai. En outre, l'exploitation des minerais rares est tout sauf propre, provoquant rejet de métaux lourds, pluies acides et eaux contaminées. L'exploitation des nodules polymétalliques dans la ZEE française n'est donc pas d'actualité, mais d'autres ressources existent.

Ambiguïtés françaises

Entre la France et ses voisins de l'océan Indien, il y a du gaz dans l'eau ! Selon un rapport du *United States Geological Survey* de 2010, le canal du Mozambique serait « une prochaine mer du Nord » les réserves ont été évaluées entre 6 et 12 milliards de barils de pétrole, et 3 à 5 milliards de mètres cubes de gaz. Pour la France, totalement dépendante de ses importations de gaz et de pétrole, les perspectives de développement et d'autonomie énergétique sont importantes. Mais conformément à la loi Hulot de 2017 sur la transition énergétique, le gouvernement français a annoncé la fin du forage en mer en refusant de prolonger un permis d'exploration de recherche au large de Juan de Nova (îles Éparses). Cette loi avait interdit tout nouveau permis de recherche d'hydrocarbures, et proclamait l'objectif de sortir la France des énergies fossiles à l'horizon 2040. Cette décision interpelle toutefois pour plusieurs raisons. Économiquement, l'extraction d'hydrocarbures entraînerait une nouvelle rentrée fiscale, des milliers de créations d'emplois, notamment dans les collectivités d'outre-mer. Au niveau énergétique, malgré une autonomie nucléaire en matière de production électrique, le taux d'indépendance énergétique en France est de 55 %, en d'autres termes le pays reste encore très dépendant de ses importations d'hydrocarbures. Exploiter ses propres hydrocarbures permettrait d'assurer sa sécurité énergétique. Enfin, d'un point de vue écologique, la délocalisation des industries polluantes a eu un double effet pervers. Elle maintient les consommateurs français dans l'ignorance des véritables coûts écologiques de nos modes de vie, et a laissé à des États dépourvus de tout scrupule écologique, le champ libre pour extraire la matière première dans des conditions bien pires que si la production avait été maintenue en Occident. Comme le rappelle le député Philippe Folliot, « pour ne pas être hypocrite, il faudrait que la dernière goutte de pétrole consommée en France soit de production française. »

L'outre-mer, une vitrine technopolitique française des énergies renouvelables ?

Les CFIP sont encore très largement en situation de dépendance pour assurer leur besoin en électricité. La diversification du mix énergétique est encouragée par la loi sur la transition écologique. Un des objectifs annoncés par le « Grenelle de la mer » en 2009 est d'atteindre en outre-mer 50 % d'énergie renouvelable de l'énergie consommée. Cette politique de transition écologique s'inscrit également dans la promotion d'une nouvelle ambition nationale : les énergies renouvelables. Le gouvernement français a annoncé l'objectif de faire de l'outre-mer une vitrine et un laboratoire de l'excellence industrielle française dans ce domaine vers de futurs projets d'export.

C'est la mer et l'immensité du domaine océanique des CFIP qui suscite le plus d'espoir. Les entreprises étatiques telles que l'ADEME, EDF ou Naval Group, accompagnent tous les projets : éoliennes flottantes, énergie thermique des mers, centrale houlomotrice à La Réunion, Sea Water Air Conditioning (SWAC) en Polynésie française, énergie hydrolienne dans l'archipel des Tuamotu. Aucun de ces projets pilotes n'a encore atteint ni le stade d'industrialisation ni le rendement économique espéré. Les énergies renouvelables terrestres et maritimes représentent néanmoins une perspective de croissance économique importante pour les CFIP, une vitrine technopolitique du savoir-faire français.

Les ressources halieutiques

Depuis la Seconde Guerre mondiale, une pression ininterrompue s'exerce sur les stocks halieutiques. La faiblesse du droit maritime international sans statut clair pour la haute-mer, l'essor de la pêche illégale, et le déficit de surveillance de certains États, en sont les principales causes – l'entrée en vigueur en 2026 du Traité sur la haute mer, marque toutefois une étape importante vers un encadrement juridique renforcé de ces espaces jusqu'alors peu régulés. Pour de nombreux pays, les ressources halieutiques représentent la seule ressource disponible au sein de leur ZEE. Les sociétés locales de pêche acceptent les rémunérations proposées par des compagnies étrangères et certains accords bilatéraux sont passés. Seules les ZEE des États développés (France, Nouvelle-Zélande et Australie) sont préservées de la pêche intensive. Dans le secteur halieutique, la RPC exerce une influence importante, car elle est à la fois le premier producteur mondial dans le domaine de la pêche et de l'aquaculture, et le premier consommateur mondial de ressources halieutiques. La ZEE chinoise ne suffit plus à la forte demande intérieure et la sécurité alimentaire du pays devient un enjeu majeur pour le gouvernement de Pékin. L'espace maritime reste un espace de projection pour le gouvernement chinois, avec une marge de croissance immense. Des flottes paramilitaires, souvent équipées d'anciens bateaux de la marine ou des garde-côtes, effectuent des campagnes de pêche dans les ZEE des pays voisins. L'immense ZEE française peut susciter à terme les convoitises de la puissance halieutique chinoise, d'autant que les CFIP sont d'une grande richesse halieutique : thonidés dans le Pacifique et dans le canal du Mozambique, langoustes à Saint-Paul et Amsterdam (TAAF), Walpole, Matthew et Hunter, légines australes à Kerguelen et à Crozet. La ressource est plutôt bien préservée. Cependant certains faits-divers défraient parfois la chronique. Des carcasses de requins et d'autres espèces protégées ont été retrouvées dans la cale d'un navire chinois qui s'est échoué sur l'atoll d'Arutua aux Tuamotu. Par ailleurs des pêcheurs vietnamiens viennent régulièrement dans la ZEE calédonienne. D'autres accusent les bateaux chinois d'utiliser des dispositifs de concentrations de poissons flottants largués à proximité de la ZEE. Le développement économique souhaité par l'État dans les CFIP répond donc à des objectifs stratégiques, économiques et sociétaux. Mais la dimension politique ne peut être négligée, les projets de développement économique pouvant ici servir à tempérer certaines velléités indépendantistes et contestations de souveraineté territoriale.

Les CFIP, des territoires de conflictualité politique

En Nouvelle-Calédonie et même en Polynésie, nous nous exerçons à la décolonisation sans transfert de souveraineté.

Michel Rocard, *Une politique française du Pacifique ?*
Rapport du Sénat n° 293, 2013

Au lendemain de la Seconde Guerre mondiale, malgré le processus de décolonisation, la République française conserve des territoires dans tous les océans du globe. Toutefois, la souveraineté française sur ces territoires est contestée, tant par les nations étrangères qu'en interne. En réponse, la République française, en principe « une » et « indivisible », a donc développé des statuts particuliers pour certaines collectivités ultramarines, *via* une délégation de certaines compétences. Le partage des compétences souveraines, la souveraineté partagée, est même constitutionnalisé. Les statuts les plus originaux sont ceux des CFIP.

La souveraineté contestée par des États étrangers

Mayotte et la problématique comorienne

L'archipel des Comores est situé dans la partie septentrionale du canal de Mozambique, face au Mozambique, au nord-ouest de Madagascar. Il est constitué de quatre îles : la Grande Comore, Mohéli, Anjouan et Mayotte. Les premières installations humaines sont des peuples swahilis au VIIe siècle qui commercent avec le Moyen-Orient, notamment le monde perse. L'archipel fut successivement soumis aux influences malgaches, africaines, perses et européennes, sur fond de traite négrière. Un enchevêtrement culturel s'opéra, avec un clivage séculaire entre anciens esclaves d'origine africaine, malgache et esclavagisme perse, doublé d'un syncrétisme religieux entre islam patrilinéaire et systèmes matriarcaux d'origine africaine.

Les tensions entre les îles sont omniprésentes, l'archipel n'a en effet jamais été unifié par un seul sultanat. Dans un contexte de rivalité interinsulaire et de rivalité coloniale, le sultan d'origine malgache Andriantsoly s'est allié avec les Français et a vendu Mayotte à la France en 1841. Les autres îles ne deviennent françaises qu'à partir de 1886. Le rattachement juridique entre les îles intervient en 1904, puis elles sont rattachées à la colonie de Madagascar en 1912. Les îles acquirent le statut de TOM en 1946. En 1975 l'archipel décida de se détacher de la République et devint indépendant après un référendum. Si l'ensemble de la population de l'archipel a voté à près de 95 % pour l'indépendance, la situation fut différente à Mayotte où 63 % des habitants ont voté pour le maintien dans la République française. L'Union des Comores revendique depuis la souveraineté sur l'île Mayotte. Deux résolutions de l'Assemblée générale de l'ONU ont soutenu la revendication comorienne en appelant la France à respecter l'unité des quatre îles de l'archipel. La diplomatie française y oppose que la Constitution française ne permet pas de donner l'indépendance sans le consentement de la population. Dans cette affaire, deux principes de droit international s'opposent : l'intangibilité des frontières issues de la décolonisation et la volonté des peuples à disposer d'eux-mêmes. En 2009, à l'issue d'un référendum approuvé par 95 % de la population mahoraise, Mayotte est devenue le 101e département français, illustrant l'attachement de la population mahoraise à la République française.

Les conséquences de la rivalité franco-comorienne sur l'île de Mayotte se matérialisent au quotidien, *via* les centaines de kwassa-kwassa (embarcation de fortune) qui débarquent illégalement chaque année plusieurs milliers de clandestins. Près d'un habitant sur deux à Mayotte est de nationalité étrangère. Cette problématique de l'immigration illégale est d'ailleurs le principal point de désaccord qui cristallise les tensions franco-comoriennes, et empêche toute possibilité d'apaisement dans la relation bilatérale. En 2019, plus de 27 000 personnes en situation irrégulière ont été reconduites à la frontière comorienne (Anjouan) par les autorités françaises. Soit plus que sur l'ensemble du territoire métropolitain pour la même année (19 000). L'absence de politique dissuasive de la part des autorités comoriennes fait que le phénomène migratoire persiste. Certaines personnes renvoyées reviennent aussitôt au péril de leur vie. Au-delà du gouffre économique que représente la lutte contre l'immigration clandestine, cette pression migratoire a entraîné de graves troubles sociaux sur l'île, avec des tensions interethniques, et un sentiment d'insécurité croissant de la part de la population mahoraise. Aujourd'hui la situation à Mayotte reste précaire. Département le plus jeune de France (50 % des habitants ont moins de 17 ans), mais aussi parmi les plus pauvres : 84 % des Mahorais vivent sous le seuil de pauvreté, le taux de chômage avoisine les 35 % et l'illettrisme 42 %. Par ailleurs, 69 % des nouveau-nés sont d'origine comorienne, 60 % de la population scolarisée est étrangère. En 2024, la crise sociale s'est aggravée quand le cyclone Chido a frappé l'île avec des rafales de vent dépassant les 220 kilomètres par heure, faisant 40 morts et causant des dommages estimés à 3,5 milliards d'euros. Le cyclone a mis en évidence les fragilités structurelles de Mayotte : immigration incontrôlée, habitat informel généralisé, systèmes d'assainissement insuffisants et services publics saturés. Plus de 15 000 foyers se sont retrouvés privés d'électricité ou d'accès à Internet, et l'île a connu de graves pénuries d'eau pendant plusieurs semaines.

Les îles Éparses, une géopolitique des îles désertes

Les îles Éparses sont des îles d'origine corallienne situées dans l'ouest de l'océan Indien, autour de Madagascar.

On en distingue cinq :

– L'atoll de Bassas da India, l'île de Juan de Nova et l'île Europa, situés dans le canal du Mozambique,

– L'île de Tromelin à l'est de Madagascar,

– Les îles Glorieuses (deux îles sablonneuses et plusieurs récifs coralliens) situées entre Mayotte et Madagascar.

Toutes fréquentées par les Portugais au XVIe siècle, elles sont également connues de la Compagnie française des Indes orientales installée à Madagascar et progressivement incorporées à l'empire colonial français. En 1896, elles sont rattachées à la colonie de Madagascar. Au début du XXe siècle, des familles réunionnaises y exploitent les ressources de guano, les écailles de tortue ou le sisal. En 1950, l'organisation météorologique demande à la France d'y implanter des stations pour suivre l'évolution des cyclones. En 1960, ces îles sont détachées administrativement de Madagascar quelques jours avant l'indépendance de l'Île rouge, les autorités militaires françaises envisageaient d'y faire les essais nucléaires.

Et, il faut attendre 1973 pour que la République de Madagascar, alors alliée de l'URSS, formalise la remise en cause de la souveraineté française sur les îles d'Europa, de Bassas da India et de Juan Nova, ainsi que sur le banc de Geyser. On considère à Madagascar que ces îles ont été volontairement oubliées par la France au moment de la décolonisation. Le président malgache a même annoncé en 2018 être en discussion avec les autorités chinoises pour la signature d'accords de pêche dans la ZEE des îles Glorieuses. Le gouvernement français refuse toute restitution, estimant que les revendications malgaches sont anachroniques, et que jamais aucun malgache n'a habité sur ces îles. La France déploie alors de manière permanente des unités militaires à Europa, sur l'île de Grande Glorieuse et à Juan de nova. Du personnel des TAAF est également présent sur l'île de Tromelin. La Marine nationale et l'AAE se chargent du ravitaillement et de la surveillance de la ZEE. À la demande des autorités malgaches, l'Assemblée générale de l'ONU a, en 1979, demandé à la France de restituer les îles Éparses à Madagascar. Cette requête n'a pas été prise en compte par la diplomatie française. Au contraire, depuis 2007, ces territoires constituent le cinquième district des TAAF, mettant fin à leur statut *sui generis* de territoire résiduel de la République. Les îles Éparses sont donc sous l'autorité juridique du préfet de La Réunion. Si la plus grande île, Europa, n'a qu'une superficie de 30 km², l'éloignement des côtes de ces territoires donne droit à une ZEE de plus de 600 000 km². Le Président Emmanuel Macron a réaffirmé la souveraineté française aux îles Éparses en se déplaçant sur l'île Glorieuse en 2019, il est le premier président français à se rendre sur ces îles. Pourtant, Madagascar maintient sa demande de restitution et réclame désormais une indemnisation pour les dommages et pertes économiques subis. Une commission mixte a été organisée entre les deux pays en juin 2025 à Paris, pour ouvrir des perspectives communes de développement et de coopération. Celle-ci n'a toutefois donné aucun résultat probant, les deux pays campant sur leur position.

La Réunion, une souveraineté française incontestée ?

La Réunion apparaît comme le seul territoire français de l'océan Indien où la souveraineté française n'est pas remise en cause par un État tiers. Pourtant en 2017, dans le cadre d'une signature du fonds régional européen « FEDER Intereg V » visant à renforcer l'insertion de La Réunion dans la région, la diplomatie française s'est heurtée à une fin de non-recevoir de l'Afrique du Sud, le gouvernement de Pretoria refusant de signer le document. Certains spécialistes locaux l'ont interprétée, comme une contestation implicite par l'Afrique du Sud de la souveraineté française sur l'île (Rocheland, 2022). Cet épisode faisant resurgir les vieilles tensions régionales entre Paris et Pretoria, liées notamment au soutien par le régime sud-africain des condamnations de l'Union africaine et de l'ONU au sujet de Mayotte.

Autre acteur plus surprenant qui a récemment pris position contre la souveraineté française dans la zone… l'Azerbaïdjan. Ce pays du Caucase, en conflit régulièrement contre son voisin l'Arménie, semble profiter de la situation calédonienne pour régler son différend avec Paris, partenaire historique d'Erevan. Ainsi, au travers de l'ONG « Groupe d'Initiative de Bakou » créée en 2021, l'Azerbaïdjan soutient les mouvements indépendantistes des anciennes colonies françaises, exarcerbant ainsi les séparatismes régionaux et insulaires dans la région. Des indépendantistes réunionnais ont donc été invités à Bakou en janvier 2025 pour participer à une conférence sur le thème : « L'Indépendance de l'île de La Réunion : réévaluer l'héritage colonial de la France et le chemin vers la souveraineté ».

La souveraineté française contestée dans le Pacifique

Certains pays océaniens contestent de leur côté ouvertement la souveraineté française dans la région. Ainsi, à l'initiative de pays insulaires du Pacifique (Forum des îles du Pacifique, îles Salomon, Nauru, Tuvalu), la Nouvelle-Calédonie et la Polynésie française ont été inscrites sur la liste des territoires non autonomes de l'ONU, qui affirme le droit inaliénable à l'autodétermination et à l'indépendance des populations. Pour autant la souveraineté des deux collectivités n'est pas revendiquée par un État tiers. En revanche, certaines petites îles inhabitées sous souveraineté française ont été et sont parfois encore convoitées par d'autres États.

Clipperton, une île qui déchaîne les passions

L'île de la Passion-Clipperton est un atoll corallien situé dans le Pacifique Nord. La surface des terres émergées n'est que de 1,7 km^2. Unique atoll du Pacifique Nord, l'île est située à plus de 5 400 km au nord-est de Papeete et 1 500 km à l'ouest des côtes mexicaines. Supposément découverte en 1706 par un flibustier, John Clipperton, puis par Michel-Joseph Dubocage (1676-1727) au cours de son odyssée dans le Pacifique, ce dernier la nomme île de la Passion, car découverte un Vendredi saint, le 4 avril 1711. Victor Le Coat de Kerveguen y plante en 1858 un drapeau français au nom de Napoléon III, contrariant ainsi la « doctrine Monroe », politique de domination du continent américain élaborée par le cinquième président des États-Unis, James Monroe, en 1823. Soucieux d'affirmer sa souveraineté sur l'île, le gouvernement mexicain y dépêche une mission en 1897. Un phare est construit en 1906, suivi de l'installation d'une garnison militaire composée d'une dizaine d'hommes, avec femmes et enfants, sous le commandement du capitaine Arnaud, un Mexicain d'origine française. Un arbitrage de 1931 par le roi d'Italie Victor Emmanuel III, nommé par la Cour de justice internationale de La Haye pour régler le litige, confirme la souveraineté française sur l'île. Cela n'empêche pas les Américains d'y débarquer en 1944, d'y percer une passe et de construire une piste d'atterrissage. Au lendemain de la Seconde Guerre mondiale, Georges Bidault, ministre des Affaires étrangères, prie les Américains de respecter la souveraineté française sur l'île et de retirer leurs hommes sur place. Le gouvernement américain accepte, mais prend soin avant de partir de détruire les installations militaires et de reboucher la passe. De 1966 à 1968, la Marine nationale y déploie des détachements lors des campagnes d'essais nucléaires aériens en Polynésie pour évaluer la progression de nuages radioactifs vers les côtes américaines. Par la suite, des missions scientifiques françaises ou internationales (le commandant Cousteau en 1980, Jean-Louis Étienne avec une mission franco-mexicaine en 1997) y feront escale sporadiquement. De nos jours, un bâtiment de la Marine nationale y effectue une mission de souveraineté tous les deux ans.

L'emplacement de l'atoll présente un intérêt stratégique. La position équatoriale de l'île en fait un lieu privilégié pour l'observation spatiale. Situé à 1 100 km de Manillo (Mexique) au cœur d'une route de navigation commerciale entre Asie et Amérique, c'est également un point de passage entre la Colombie et le Mexique, en témoigne la fréquentation de l'atoll par des trafiquants de drogue. Depuis l'adoption en 1982 de la Convention internationale sur le droit de la mer, l'îlot confère également à la France le droit de contrôler et d'exploiter une ZEE de 435 612 km², soit plus que la ZEE du territoire métropolitain. Le Mexique reconnaît la souveraineté française depuis 1959. Pourtant, un livre publié en 1992 par le député mexicain Miguel Gonzáles Avelar, appelle au rattachement de Clipperton au Mexique. Un accord franco-mexicain de 2007 (reconduit en 2017) permet aux pêcheurs mexicains de faire une demande auprès du Haut-Commissariat de Polynésie française pour obtenir des licences de pêche dans la ZEE de Clipperton sans redevance à payer. En contrepartie les pêcheurs mexicains doivent déclarer leurs prises annuelles aux autorités compétentes. Des spécialistes estiment à 50 000 tonnes de poissons pêchés annuellement dans la ZEE par des senneurs mexicains, or en 2014 ces derniers n'en avaient déclaré que 1 400 tonnes. Cependant, l'État évite tout affrontement direct pour ne pas risquer la remise en question de cette ZEE. Le simple fait que les pêcheurs mexicains fassent la demande est déjà une reconnaissance de souveraineté. Mais, la légitimité même d'une ZEE autour de l'île de la Passion-Clipperton peut également être contestée. Depuis la décision du tribunal de La Haye rendue le 12 juillet 2016, l'octroi d'une ZEE autour d'un atoll n'est possible qu'à la condition que celui-ci se prête à l'habitation humaine ou qu'il génère une activité économique propre. Ces deux conditions n'étant pas réunies dans le cas de Clipperton, un tribunal international pourrait parfaitement la qualifier de « rocher » au sens de l'article 121, § 3 de la Convention de Montego Bay, et donc ne pas reconnaître de ZEE. En effet, même si Clipperton n'est pas, *stricto sensu*, un rocher, une certaine incertitude peut subsister sur l'interprétation de la Convention de Montego Bay quant à son caractère habitable dans la durée. La seule vie humaine permanente sur Clipperton se situe entre 1897 et 1917 avec la présence de la garnison mexicaine. Les États-Unis l'ont occupé quelques mois entre fin 1944 et début 1945. Concernant l'activité économique propre, les seuls qui soient en mesure d'exploiter les ressources halieutiques de Clipperton dans des conditions raisonnables sont les armements américains et mexicains. Ils ne s'en privent d'ailleurs pas faute de capacité de l'État français à en assurer une protection active pour des raisons évidentes. Christian Jost, professeur de géographie, et le sénateur Philippe Folliot appellent à la création d'une aire marine protégée et d'une base scientifique permanente sur Clipperton pour éviter tout pillage des ressources et contestation potentielle de la ZEE. Cette base pourrait s'autofinancer à travers la réévaluation des droits de pêche appliqués aux pécheurs étrangers.

Matthew et Hunter

Îles volcaniques inhabitées situées à 500 km environ à l'est de la Nouvelle-Calédonie, Matthew est découverte par le Britannique Thomas Gilbert en 1788 et Hunter par John Fearn en 1798.

Si ces îles font aujourd'hui l'objet d'un contentieux diplomatique entre la France et le Vanuatu, elles ont souvent suscité l'indifférence des administrations anglaise et française, ce qui rend leur statut juridique abstrait. Annexées officiellement par la France en 1929, revendiquées par les Britanniques jusqu'en 1965, Météo France y installe en 1979 une station météorologique. La Marine nationale y effectue ponctuellement des missions de souveraineté, comme celle du *Vendémiaire* en 2015 où des soldats français sont héliportés sur l'île. Ces îles présentent un intérêt stratégique, car elles confèrent une ZEE de 350 000 km^2, c'est un enjeu important pour le Vanuatu qui tire une partie non négligeable de son revenu des licences de pêche accordées aux armateurs étrangers. Les autorités ni-vanuataises délivrent d'ailleurs des permis autorisant la pêche autour de Matthew et Hunter. Le 23 juillet 2025, les deux pays ont annoncé le lancement de négociations concernant la souveraineté de ces deux îles.

Ainsi, quelques « guirlandes insulaires » détériorent parfois les relations de la France avec certains de ses voisins en Indo-Pacifique. Ces îlots inhabités présentent peu d'intérêt économique à moyen terme, mais l'immense ZEE que ces territoires confèrent suscite les convoitises d'États voisins. Toutefois, les principales contestations de la souveraineté française proviennent de mouvements politiques internes aux collectivités, qui revendiquent explicitement leur indépendance.

La souveraineté française contestée localement

L'administration des collectivités d'outre-mer n'est ni simple ni uniforme. Malgré des statuts juridiques non figés dans le temps, dérogatoires et institutionnalisant la souveraineté partagée, la souveraineté française est contestée localement par des mouvements politiques indépendantistes. L'évolution en dehors de la République reste une possibilité, une partie de la population des CFIP y aspire.

Selon l'interprétation du Conseil constitutionnel de l'article 53 alinéa 3 prononcée en 1975 dans l'affaire des îles Comores (doctrine Capitant), toutes les anciennes colonies disposent d'un droit à l'indépendance. Concrètement, en Indo-Pacifique, des mouvements indépendantistes conséquents existent en Polynésie française et en Nouvelle-Calédonie, et sont quasi inexistante à La Réunion et à Wallis-et-Futuna. Enfin à Mayotte, la population a, à de nombreuses reprises, exprimé son rejet des revendications comoriennes sur l'île.

La Nouvelle-Calédonie, un territoire deux peuples?

La Nouvelle-Calédonie est peuplée depuis plus de 3 000 ans par des populations kanak – le mot « Kanak » conformément au texte de l'accord de Nouméa de 1998, est invariable. Au cours des événements de 1985, le gouvernement provisoire de Kanaky, présidé par Jean-Marie Tjibaou imposa en une nouvelle graphie « kanak, invariable en genre et en nombre, quelle que soit la nature du mot, substantif, adjectif, adverbe » (Darot, 1997). Découverte par James Cook en 1774, elle est proclamée française en 1853, sous la pression des frères maristes catholiques alors en pleine guerre des clochers dans le Pacifique face aux missions protestantes anglo-saxonnes. À l'instar du Québec ou de l'Algérie, la Nouvelle-Calédonie est une colonie de peuplement. À partir 1864, les vagues successives d'immigration de colons européens et asiatiques (notamment vietnamiens et indonésiens) conjuguées aux guerres, à l'alcoolisme et aux maladies, vont très vite marginaliser le peuple kanak (de 40 000 individus en 1853, il passe à 20 000 en 1920). D'abord discriminés par l'autorité coloniale, notamment à travers la spoliation foncière, les kanak vont progressivement accéder aux droits civiques, le régime d'indigénat étant aboli en 1946. Mais la population kanak reste en grande partie en marge du développement économique. Les indépendances successives dans le Pacifique, développent les revendications culturelles et nationalistes. L'élite kanak formée en France, notamment Nidoïsh Naisseline et Jean-Marie Tjibaou, revient sur le territoire avec de nouvelles revendications. En 1969 c'est le mouvement des

Foulards rouges, puis la création du Parti de libération Kanak, le Palika en 1975. En parallèle est mené un travail anthropologique pour démontrer l'existence d'une culture et identité kanak homogènes (Maurice Leenhardt, Maurice Lenormand, Alban Bensa). Jean-Marie Tjibaou et Eloi Machoro se déclarent officiellement pour l'indépendance en 1977 au congrès de Bourail. En face, les opposants à l'indépendance se regroupent derrière Jacques Lafleur dans le Rassemblement pour la Calédonie dans la République.

En 1984, le Front de libération nationale kanak et socialiste (FLNKS) remplace le Front indépendantiste, boycotte les élections territoriales, organise des barrages sur les routes. Un gouvernement provisoire de Kanaky présidé par Jean-Marie Tjibaou est mis en place. La situation s'envenime, c'est le début des « événements », dénomination pudique pour qualifier une situation de réelle guerre civile. La mort d'Eloi Machoro tué par deux tireurs du GIGN envenime la situation. Des milices des deux camps s'affrontent. Le paroxysme des tensions est atteint en 1988 avec la prise d'otages d'Ouvéa, et l'assassinat de quatre gendarmes. Vingt-sept autres militaires français sont pris en otage, et ce en pleine période électorale pour la présidentielle française. Une opération de libération des otages, « opération Victor », est menée par GIGN, le 11e choc, et le commando Hubert, qui se solde par la mort de dix-neuf indépendantistes et de deux militaires. La médiation de Michel Rocard aboutit à la signature des accords de Matignon en juin 1988, prévoyant la mise en place d'un statut de transition de dix ans qui devait se solder par un référendum et un rééquilibrage économique, avec la création de provinces. L'année suivante Jean-Marie Tjibaou et son bras droit Yeiwéné Yeiwéné sont assassinés par un indépendantiste kanak.

L'accord de Nouméa de 1998 repousse l'échéance électorale de vingt ans et prévoit la mise en place d'une autonomie forte avec transfert de compétences. L'État reste en charge des seuls pouvoirs régaliens. Une citoyenneté néo-calédonienne, qui ne se superpose pas à la nationalité française, est mise en place (ouverte aux Français présents depuis 1998 et à leur descendance). La notion de citoyen héréditaire, *jus sanguinis*, est instaurée. Désormais la Nouvelle-Calédonie dispose de trois corps électoraux distincts et d'un Sénat coutumier. Des transferts de compétences irréversibles ont été institutionnalisés, tout en développant des éléments de langage inédits tels que « accord de décolonisation » ou encore « projet de destin commun ».

Parallèlement au combat mené pour réformer les normes juridiques françaises et locales, la Nouvelle-Calédonie est réinscrite depuis 1986 sur la liste des territoires non autonomes de l'ONU. Entre 2014 et 2019, sept missions de l'ONU ont été organisées sur le territoire. Depuis 2011, des leaders kanak sont présents dans les instances onusiennes concernant les droits des peuples et les droits autochtones. Le FLNKS est également représenté au Groupe Fer de lance mélanésien (GFLM), organisation intergouvernementale mélanésienne qui milite pour l'indépendance de la Nouvelle-Calédonie. Au niveau économique, un rééquilibrage au profit des populations kanak s'est opéré à travers notamment des investissements structurants dans le domaine de la santé, de la formation, et des transports. Mais surtout par la vente par Jacques Lafleur de la Société minière du Sud Pacifique (SMSP) à la province Nord, majoritairement indépendantiste. Conformément aux accords de Matignon et de Nouméa, une première échéance référendaire fut organisée en novembre 2018, les Calédoniens devaient répondre à la question suivante : « Voulez-vous que la Nouvelle-Calédonie accède à la pleine souveraineté et devienne indépendante ? » Le score des indépendantistes fut bien plus élevé que ne l'avaient prédit les sondages. Si le « NON » l'a emporté à 56,67 %, seulement 18 000 voix séparèrent les deux camps. La corrélation entre l'appartenance communautaire et le vote fut quasi parfaite. Les Kanak ont voté pour l'indépendance, les autres communautés ont voté contre. En octobre 2020 a eu lieu le deuxième référendum. La participation était toujours au rendez-vous avec près de 85 % des électeurs qui se sont déplacés, et les résultats se sont encore resserrés. Le « NON » l'a encore emporté avec 53,26 % des suffrages exprimés, mais il n'y a eu que 10 000 voix d'écart. Pour le troisième référendum du 12 décembre 2021, le FLNKS avait appelé à ne pas participer au scrutin en raison du contexte de Covid. Les résultats (97 % de « NON ») sont donc tronqués par une abstention record (taux de participation de 43 % seulement). Le processus référendaire initié lors de l'accord de Nouméa est arrivé à son terme, mais cristallise encore toutes les tensions. Ainsi, la fin du processus référendaire qui devait déboucher sur une évolution statutaire consensuelle et clore la séquence de l'accord de Nouméa s'apparente désormais au début d'une période de confrontation politique.

Le principal point d'achoppement concerne le gel du corps électoral pour les scrutins locaux et référendaires, une revendication historique des partis indépendantistes pour ne pas devenir minoritaires lors des élections locales. Cette disposition exclut près de 42 000 Français majeurs en Nouvelle-Calédonie. Le gouvernement français, estimant que la restriction du corps électoral n'était plus justifiée à l'issue des trois référendums d'autodétermination, a déposé un projet de loi constitutionnelle le 15 avril 2024 visant à élargir le corps électoral à ceux qui sont nés ou domiciliés dans la collectivité depuis 10 ans, soit 25 000 personnes supplémentaires (environ 12 % de l'électorat, principalement des individus d'origine européenne et donc, *a priori*, favorables au maintien de la collectivité au sein de la République). Le 13 mai 2024, jour du vote de cette loi à l'Assemblée nationale, la situation en Nouvelle-Calédonie, tendue depuis des mois, a basculé dans la violence. Des émeutes ont éclaté dans la ville de Nouméa et sa périphérie, provoquant la mort de 14 personnes, dont deux gendarmes, des centaines de blessés, et causant d'importants dégâts aux infrastructures et aux commerces de l'archipel. L'état d'urgence est décrété le 16 mai par le gouvernement français ; un couvre-feu est mis en place, 1 000 gendarmes et policiers supplémentaires sont déployés depuis la métropole, tandis que des forces armées sécurisent les ports et les aéroports. Le Haut-Commissaire de la République évoque un climat insurrectionnel et redoute un scénario de guerre civile dans une collectivité où de nombreuses armes à feu sont en circulation. Si la situation sécuritaire est progressivement revenue à la normale, les conséquences économiques ont été dévastatrices, avec la destruction de 500 entreprises et une chute de 10 à 15 % du PIB. Après plusieurs tentatives de médiation infructueuses, l'Accord de Bougival, signé le 12 juillet 2025 entre l'État et 18 responsables politiques calédoniens, instaure un compromis politique inédit et apparaît comme une solution politique pérenne inespérée qui permettrait un retour à la stabilité et la reprise économique.

Cet accord prévoit la création d'un « État de Nouvelle-Calédonie » au sein de la République française, combinant autonomie renforcée, institutions hybrides et souveraineté partagée. Une nationalité calédonienne est également créée, instituant ainsi un système de double nationalité franco-calédonienne. Prolongement de l'Accord de Nouméa, il prévoit un transfert progressif de nouvelles compétences – y compris en relations internationales – à la Nouvelle-Calédonie, tandis que l'État conserve la défense, la justice, la sécurité et la monnaie, avec possibilité de transfert futur. S'il semble avantager les indépendantistes, l'accord comporte aussi des concessions aux loyalistes : dégel du corps électoral (+12 000 nouveaux votants), absence de référendum contraignant à court terme et une réorganisation du Congrès avec une proportion accrue d'élus de la province Sud (bastion non indépendantiste). Salué comme un succès politique majeur, le texte de Bougival reste néanmoins volontairement vague et juridiquement ambigu, faisant craindre l'émergence de tensions lors de son interprétation et de sa mise en œuvre. Par ailleurs, le chemin vers la ratification s'annonce long et incertain. D'abord, une réforme de la Constitution devra être approuvée en 2025 par une majorité des trois cinquièmes du Parlement français (Assemblée nationale et Sénat réunis en Congrès). Puis, le texte de Bougival sera soumis à un référendum local au début de l'année 2026. Une fois ces deux étapes passées, des élections provinciales, maintes fois reportées (les dernières ayant eu lieu en 2019), seront organisées en Nouvelle-Calédonie entre mai et juin 2026. La nouvelle assemblée sera alors chargée de rédiger une loi fondamentale (une constitution locale), avant l'adoption par le Parlement français d'une loi organique mettant en œuvre le nouvel accord au niveau national. Un véritable « parcours du combattant » constitutionnel, semé d'embûches et dont l'issue reste hautement incertaine. Enfin, les conséquences de cette évolution institutionnelle pourraient aussi s'étendre à d'autres territoires de l'Indo-Pacifique français. La Polynésie française est évidemment concernée, en tant que collectivité qui bénéficie d'un statut d'autonomie comparable à celui de la Nouvelle-Calédonie, et où un président indépendantiste est actuellement au pouvoir.

Processus référendaire en Nouvelle-Calédonie

« Voulez-vous que la Nouvelle-Calédonie accède à la pleine souveraineté et devienne indépendante ? »

	Oui	Non	Participation
1er référendum du 4/11/2018	43,33 %	56,67 %	81,01 %
2e référendum du 4/10/2020	46,74 %	53,26 %	85,69 %
3e référendum du 12/12/2021	3,50 %	96,50 %	41,87 %

Le mouvement indépendantiste en Polynésie française

Le mouvement indépendantiste polynésien prend réellement son essor au lendemain de la Seconde Guerre mondiale quand est créé le Comité Pouvanaa par un ancien combattant de la Grande Guerre et soutien du général de Gaulle, Pouvanaa Oopa (1895-1977). En 1949, il crée le Rassemblement démocratique des populations tahitiennes. Ce parti n'est pas ouvertement indépendantiste au départ, mais il est influencé par les idéaux socialistes et des objectifs autonomistes. Lors du référendum de septembre 1958, Pouvanaa Oopa prend position contre le maintien dans la République française. À la suite de troubles dans la ville, il est accusé d'avoir incendié Papeete et est condamné à huit ans de prison et quinze ans d'interdiction de séjour en Polynésie. Il bénéficie d'une remise de peine en 1968, après neuf ans d'exil en France. À la suite des travaux de l'historien Jean-Marc Regnault, l'Assemblée territoriale de Polynésie française vote à l'unanimité une motion en faveur de la révision de son procès en 2009 qui conduit à l'annulation de sa condamnation en octobre 2018.

Parallèlement au destin de Pouvanaa Oopa, ce sont les essais nucléaires menés par l'État sur les atolls de Moruroa et Fangataufa entre 1960 et 1996, qui vont renforcer l'opposition à la présence française. Politiquement, la cause indépendantiste s'institutionnalise. En 1977 est créé le Front de libération de la Polynésie (FLP) par Oscar Temaru. En 1983 le FLP prend le nom de « *taaviini huira'atira no te ao Ma'ohi* » (servir le peuple Maohi). À la suite d'une alliance avec d'autres partis indépendantistes, Oscar Temaru accède à la présidence de la Polynésie française le 14 juin 2004 ; s'ensuivra une instabilité politique chronique pendant 10 ans où treize gouvernements se succèdent de 2004 à 2014. Si la stabilité politique est revenue avec le Président Édouard Fritch, ancien bras droit de Gaston Flosse, en poste de 2014 à 2023, le Tavini Huiraatira est revenu au pouvoir avec l'élection de Moetai Brotherson comme Président à la suite des élections territoriales de 2023. À noter également que depuis 2013, la Polynésie française est réinscrite sur la liste des territoires non autonomes par l'ONU (elle avait été retirée de cette liste en 1958). L'Assemblée générale des Nations unies conformément à l'article 73 de la charte de l'ONU a adopté une résolution invitant le gouvernement français à favoriser la mise en place d'un processus équitable et effectif d'autodétermination. Cette résolution ouvre la voie à un référendum d'autodétermination. Depuis plusieurs années déjà, l'Assemblée générale de l'ONU est devenue une tribune privilégiée pour les acteurs indépendantistes polynésiens. Chaque année la Polynésie française y fait l'objet d'un débat et d'une résolution sur la situation politique de l'archipel.

Dans les autres CFIP, des mouvements indépendantistes marginaux

Sur l'île de La Réunion, dès les années 1960, Paul Vergès (1925-2016) faisait la promotion de l'autonomie interne, concept qui devient le fer-de-lance du Parti communiste réunionnais opposé à l'ancien Premier ministre Michel Debré. Mais les revendications communistes n'ont jamais été ouvertement indépendantistes et se présentent plus comme une opposition à la départementalisation effective en 1947. Le parti revendique désormais plutôt une autonomie énergétique ainsi qu'une identité culturelle réunionnaise propre. D'autres tentatives de traduire politiquement le projet d'indépendance seront portées par Jean-Baptiste Ponama (Mouvement pour l'indépendance de La Réunion en 1981), Jean-Claude Baret et Aniel Boyer, mais leurs scores électoraux sont toujours restés marginaux.

À Wallis-et-Futuna, l'État partage l'autorité administrative avec trois monarchies coutumières (Uvea à Wallis, Alo et Sigave à Futuna). En 1959, près de 95 % des habitants de Wallis-et-Futuna répondent favorablement à la question du référendum : « Désirez-vous que les îles Wallis-et-Futuna fassent partie intégrante de la République française sous la forme d'un territoire d'outre-mer ? » Il existe cependant des revendications récurrentes des royautés de Futuna qui reprochent à l'État de ne pas les consulter sur les sujets clés : le foncier et le domaine maritime. Le conseil coutumier de Sigave a même menacé dans un communiqué en 2015 de demander de l'aide à d'autres puissances étrangères, notamment la Chine. Ces crispations entre l'État et la collectivité témoignent surtout d'une réalité coutumière aux antipodes des pratiques républicaines françaises, ainsi que le montre l'attitude embarrassée du préfet de la République lors de la crise de succession monarchique à Wallis en 2016. L'Église catholique dispose également d'un véritable pouvoir de blocage des évolutions démocratiques et garde le contrôle sur le système éducatif.

La souveraineté française dans l'Indo-Pacifique est donc contestée à des degrés divers. Si les revendications du Vanuatu et du Mexique dans le Pacifique sont mineures et n'ont qu'un impact limité au niveau national, les îles Éparses dans le canal du Mozambique, dont les fonds marins sont riches en matières premières, sont revendiquées par Madagascar, les Comores et l'île Maurice. Mais, c'est la a situation de Mayotte qui est la plus problématique car des drames humains s'y déroulent quotidiennement. Et, sur le plan de la politique intérieure, c'est la situation calédonienne qui a la plus de retentissement. Le processus référendaire en cours cristallise les tensions intercommunautaires et dégrade une situation sociale et économique déjà complexe et précaire. Face à ces problèmes internes et externes récurrents, la République française a renoncé à certains de ses idéaux, en déléguant une partie de ses compétences souveraines.

La souveraineté partagée

La France, pays de Jean Bodin, a historiquement une conception très centralisatrice et indivisible du pouvoir. L'État est souverain ou il n'est pas. On retrouve cette influence philosophique d'attachement à la souveraineté dans la Constitution de 1958, dont le titre premier s'intitule « de la souveraineté ». Or, si le principe de souveraineté nationale fait consensus dans le monde post-Seconde-Guerre mondiale, le dépassement progressif des États par des entités supranationales au XXIe siècle, la disparition des frontières physiques, la libre circulation de l'information et l'émergence d'une culture mondiale sous influence anglo-saxonne ont peu à peu remis en cause les grands principes stato-centriques français. L'autorité de l'État est désormais contestée par des institutions supranationales, comme l'Union européenne, souveraine en matière de commerce extérieur, de politiques de concurrence, de gestion monétaire. Mais aussi au niveau infranational, avec un élargissement progressif des compétences accordées aux collectivités territoriales, notamment dans les CFIP. Depuis la loi d'orientation pour l'outre-mer du 13 décembre 2000, l'État a fixé comme objectif d'insérer les collectivités ultramarines dans leur environnement régional. C'est particulièrement le cas dans les CFIP. L'éloignement géographique et l'héritage historique ont ainsi amené l'État à déléguer certaines de ses compétences au niveau local. Ce processus en cours de souveraineté partagée peut permettre d'accroître l'influence de la France dans des régions éloignées de la métropole, les collectivités pouvant alors faire office de véritables plateformes régionales en relai de l'influence française. Ce transfert de compétences étant inscrit dans la Constitution, il convient donc de parler de souveraineté partagée. Avec l'apparition d'une autonomie de la collectivité infraétatique, c'est finalement la souveraineté absolue et unique qui est remise en cause.

La Réunion acteur d'une politique régionale française en Indo-Pacifique

La Réunion est le centre névralgique de l'influence française dans l'océan Indien, la répartition des compétences administratives tripartites entre l'État, la Région et le Département, font que plusieurs acteurs se relayent pour favoriser les actions de coopération internationale, et tentent d'intégrer la collectivité à son environnement régional.

Ainsi, la France est membre d'organisations régionales au titre de La Réunion comme la Commission de l'océan Indien (COI) et l'Indian Ocean Rim Association (IORA). Les forces armées françaises participent également à l'Indian Ocean Naval Symposium (IONS). La septième édition du forum s'est tenue sur l'île de La Réunion en juillet 2021. Localement, la Région de La Réunion a également tissé plusieurs liens à l'international, notamment avec la Chine et tout particulièrement avec la ville province de Tianjin. Les deux collectivités (Région et Département) ont également ouvert des bureaux de représentation économique à Madagascar, aux Seychelles, à Maurice, aux Comores et au Mozambique. C'est aussi depuis Saint-Pierre de La Réunion que sont administrées les TAAF, l'île de La Réunion est donc devenue le centre administratif d'une collectivité hors-norme.

Les îles subantarctiques françaises

Créées en 1955, les TAAF sont aujourd'hui composées de 5 districts :

– Les îles Éparses dans l'océan Indien (Europa, Bassas da India, Glorieuses, Juan de Nova et Tromelin),

– L'archipel Crozet,

– Les îles de Kerguelen,

– Les îles Saint-Paul et Amsterdam,

– La Terre-Adélie en Antarctique.

Leur appartenance à un même espace administratif ne se justifie *a priori* ni par l'histoire, leurs découvertes et rattachements à la France différant dans le temps, ni par la géographie, les îles Éparses se situant entre les latitudes 11° sud et 22° sud avec un climat tropical, les terres australes entre les latitudes 40° sud et 50° sud bordées par des eaux qui ne gèlent pas, et enfin la Terre-Adélie située entre les latitudes 67° sud et 90° sud sur le continent antarctique. Au regard du droit français, la loi du 6 août 1955 confère aux TAAF « l'autonomie administrative et financière », ces territoires ne relèvent pourtant pas de l'article 74 de la constitution et constitue ainsi une collectivité *sui generis*. Les territoires sont tout de même inscrits dans la constitution depuis 2003 *via* l'article 72-3 alinéa I. Une loi du 21 février 2007 consacre l'attribution de la personnalité morale à la collectivité, lui permettant d'avoir un budget propre, d'ester en justice et confirme le statut de « territoire d'outre-mer », alors que la révision constitutionnelle de 2003 a supprimé cette catégorie. Cet imbroglio juridique avait amené l'écrivain et haut fonctionnaire français François Garde à qualifier ces territoires de « fiction juridique » (Garde, 2002). Ceux-ci partagent néanmoins les caractéristiques communes de ne pas être occupés de manière permanente par des populations civiles et d'être difficilement accessibles, car très isolés. Ainsi seules des expéditions mises en place par l'État permettent d'y assurer une présence scientifique, logistique et militaire continue. Le positionnement géographique des îles subantarctiques présente un intérêt stratégique majeur, notamment dans le cadre de la politique spatiale, permettant à l'État de disposer d'un réseau circumterrestre de stations de contrôle satellitaire. À Kerguelen quinze à vingt satellites sont suivis par jour, soit 6 000 passages par an. Le

Centre national d'études spatiales (CNES) y dispose également d'installations pour suivre les lancements de la fusée Ariane depuis Kourou. Le Commissariat à l'énergie atomique (CEA) est implanté à Crozet, à Kerguelen et en Terre-Adélie avec des stations de surveillance des essais nucléaires conformément au traité TICE, relatif à leur interdiction complète. Des stations météorologiques sont également installées dans chacune des îles.

Au-delà de cette présence très institutionnelle et administrative, l'île de La Réunion reste donc encore largement isolée de son environnement régional. Les échanges importants, voire quasi exclusifs, avec la métropole, placent l'île dans une situation de dépendance. À titre de comparaison, l'île Maurice est bien mieux intégrée dans son environnement régional et international.

Les collectivités françaises du Pacifique, têtes de pont régionales de la diplomatie française

Dans les CFIP, la Polynésie française (depuis 1958) et Wallis-et-Futuna (depuis 1961) sont régies par l'article 74 de la Constitution. L'État garde la main sur les missions régaliennes définies par le quatrième alinéa de l'article 73 (la nationalité, les droits civiques, les garanties des libertés publiques, l'organisation de la justice, le droit pénal, la politique étrangère, la défense, la sécurité et l'ordre publics, la monnaie et le droit électoral). Les compétences spécifiques des collectivités sont énumérées par la loi organique. La Constitution permet aux deux collectivités polynésiennes de bâtir un véritable instrument diplomatique autonome, souvent en relai de l'action diplomatique française.

En Polynésie française, le partage des compétences entre l'État et la collectivité est fixé par la loi organique de 2004 (modifiée en 2019). L'État est représenté en Polynésie par le Haut-Commissaire, mais la Polynésie française a des institutions qui lui sont propres :

– Un Président,
– Un gouvernement,
– Une Assemblée législative (57 membres),
– Un conseil économique, social et culturel.

L'ensemble des institutions locales dispose de compétences considérables, la collectivité a le droit d'intervenir dans le domaine du pouvoir législatif dans le cadre réglementaire de « loi du pays ». En matière de relations internationales, depuis la révision de la loi organique du 5 juillet 2019, la Polynésie française peut devenir membre d'organisations internationales hors du Pacifique. Ainsi la Polynésie française ou son représentant participent à de nombreuses organisations intergouvernementales régionales.

Organisations intergouvernementales auxquelles la Polynésie française participe
La Conférence des dirigeants des îles du Pacifique
Le Forum des îles du Pacifique
La Communauté du Pacifique
Le Forum de développement des îles du Pacifique
Le Polynesian Leaders Group
Le programme Régional Océanien pour l'Environnement
L'Assemblée parlementaire de la Francophonie
Le Pacific Island Leaders Meeting (PALM) organisé par le Japon

En plus d'une participation proactive dans les différents forums multilatéraux, les présidents polynésiens ont régulièrement rencontré des autorités politiques étrangères. Par exemple l'ex-Président Édouard Fritch a rencontré le Président Barack Obama, le Secrétaire général de l'ONU ainsi que le Président chilien

Sébastien Pinera à Santiago. Plus récemment, le 25 septembre 2023, à Washington D.C., Moetai Brotherson a rencontré le Président américain Joe Biden, à l'occasion du sommet des dirigeants du Pacifique.

La collectivité de Wallis-et-Futuna dispose également de ses propres institutions encore plus originales que celles de la Polynésie française, puisqu'une organisation monarchique traditionnelle et coutumière cohabite avec les autorités de l'État. À côté des monarchies traditionnelles existent donc des institutions propres à la collectivité :

– Un conseil territorial qui réunit les trois monarques coutumiers, le préfet et trois personnalités désignées,

– Une Assemblée territoriale (20 membres),

– Un Président de l'Assemblée territoriale.

À Wallis-et-Futuna, la vision de la République est beaucoup moins décentralisée que dans les collectivités voisines du Pacifique. Le soutien de l'État est indispensable. Pourtant, ses voisines polynésienne et calédonienne l'influencent dans l'application du principe de subsidiarité. Selon le statut juridique qui date de 1961 seuls l'État et son représentant local, sont compétents en matière de relations extérieures. Mais la pratique évolue et Wallis-et-Futuna développe son réseau et ses capacités de coopérations régionales, avec le soutien l'État, sans avoir changé de statut et sans aucune compétence internationale propre (l'archipel ne figure pas sur la liste des territoires non décolonisés de l'ONU). La collectivité a également rejoint des organisations intergouvernementales.

Organisations intergouvernementales auxquelles Wallis-et-Futuna participe
Le Forum des îles du Pacifique (en tant que membre associé depuis 2018)
La Commission du Pacifique

Organisations intergouvernementales auxquelles Wallis-et-Futuna participe
Le Polynesian Leaders group
Le Programme Régional Océanien pour l'Environnement
La Commission des transports maritimes du Pacifique Central

Wallis-et-Futuna s'est également dotée d'une Commission d'intégration régionale à l'Assemblée territoriale depuis 2017 et d'un chargé de mission aux relations internationales en 2018. Une participation accrue à la diplomatie internationale et régionale de la France s'observe, comme ce fut le cas en 2021 lors du 5e sommet France-Océanie auquel a participé Nivaleta Iloai, la présidente l'Assemblée du Territoire des îles Wallis et Futuna. La collectivité partage une frontière maritime avec cinq pays ou territoires de la région (Tokelau, Tonga, Fidji, Samoa, Tuvalu). Dans le cadre constitutionnel de l'article 74, la Polynésie française et Wallis-et-Futuna constituent un exemple positif de souveraineté partagée, associant des territoires aux statuts internationaux différents.

La Nouvelle-Calédonie, laboratoire d'un fédéralisme à la française ?

Nonobstant toutes les problématiques statutaires, la Nouvelle-Calédonie constitue, à l'instar de ses voisines polynésiennes, un cadre privilégié où parfois l'action de l'État et de la collectivité se complètent dans un intérêt commun, l'État accompagne la collectivité en lui déléguant une partie de sa souveraineté. Ce principe est codifié dans l'accord de Nouméa et les articles 76 et 77 de la Constitution. Pour certains la notion de souveraineté partagée apparaît comme un contresens voire un oxymore, contraire à l'esprit de cette dernière qui consacre l'unité et l'indivisibilité de la souveraineté nationale. Et pourtant, avec l'accord de Nouméa, l'État a explicitement consenti à une délégation de sa souveraineté, phénomène confirmé, voire amplifié par l'accord de Bougival signé en juillet 2025. Mais, la souveraineté partagée est encore un processus en gestation. Le *modus operandi* a été défini par la loi organique 19 mars 1999. L'État conserve ses prérogatives régaliennes, mais le législateur impose de nouvelles dispositions, et prend en compte les intérêts propres de la Nouvelle-Calédonie dans des négociations menées par la France. Outre la possibilité pour la Nouvelle-Calédonie de disposer de représentants à l'étranger dans les ambassades de France, la collectivité dispose d'un siège indépendant de celui de la France dans plusieurs organisations internationales.

Organisations intergouvernementales auxquelles la Nouvelle Calédonie participe
L'Organisation internationale de la francophonie
L'UNESCO
L'ONU à travers la Commission économique et sociale pour l'Asie et le Pacifique
Le Forum des îles du Pacifique (FIP)
L'Organisation mondiale de la santé
Le Programme régional Océanie sur l'Environnement
La Communauté du Pacifique dont le siège se situe Nouméa

La Nouvelle-Calédonie a même la possibilité de signer des accords internationaux, au nom de la République française. Le ministre des Affaires étrangères français peut en effet autoriser ponctuellement le chef du gouvernement calédonien à signer au nom de la France des accords régionaux dans les secteurs de l'éducation ou du transport. L'accord de Bougival va plus loin et inclut le transfert de compétences en matière de relations internationales et de diplomatie.

La souveraineté partagée est une pratique diplomatique *ad hoc* qui s'invente au quotidien, non seulement à Paris, mais aussi à Nouméa. L'incertitude quant à l'avenir statutaire de la Nouvelle-Calédonie laisse même présager une évolution vers un fédéralisme qui ne dit pas son nom. En France, la notion fédérale reste abstraite. La tradition jacobine et centralisatrice entraîne un rejet quasi dogmatique du fédéralisme, assimilé à une perte de puissance de l'État et à une dissolution de sa souveraineté. Pourtant à travers l'évolution statutaire de la Nouvelle-Calédonie, l'État a remis en cause les principes fondateurs de sa Constitution : l'unité et l'indivisibilité de la République. Certains, comme l'universitaire Thierry Michalon, prétendent même que la France serait un État fédéral qui s'ignore. En effet, la France de la Ve République n'est pas « une », elle a toujours été beaucoup plus hétérogène qu'elle ne le prétend, les collectivités ont toujours eu des statuts divers. L'imbroglio juridique actuel vis-à-vis des statuts ultramarins en est la preuve. La République n'est pas non plus indivisible. Depuis 1946, de nombreux territoires ont fait sécession et sont devenus indépendants, sans que cela ne contrevienne à la Constitution. Dans ce contexte, le cas de la Nouvelle-Calédonie illustre parfaitement les ambivalences constitutionnelles françaises. La collectivité dispose d'une architecture institutionnelle unique en France :

– Un gouvernement,

– Un Président du gouvernement,

– Un organe législatif, le Congrès, composé de 54 membres,

– Trois provinces : la province Nord, la province Sud et la province des îles Loyauté. Chacune possède une assemblée délibérante et dispose de représentants au Congrès,

– Un sénat coutumier, gardien et défenseur de l'identité kanak composé de 16 membres, son avis est obligatoire dans toutes les décisions qui concernent l'identité kanak,

– Un conseil économique et social et environnemental.

L'autre spécificité du statut calédonien est l'institution d'une citoyenneté calédonienne qui ne se superpose pas à la nationalité française. La collectivité compte ainsi trois corps électoraux distincts :

Les différents corps électoraux de Nouvelle-Calédonie

Corps électoral	Scrutin national et municipal	Élection provinciale	Vote référendum
Conditions d'accès	Ouvert à toute personne de nationalité française résidant sur le territoire	Avoir habité au moins dix ans en Calédonie depuis 1998	Avoir été admis à participer à la consultation du 8 novembre 1998 approuvant l'accord de Nouméa
Nombre de personnes inscrites	218 781 (élections présidentielles 2022)	169 552 (élections provinciales de 2019)	184 364 (référendum 2021)

Ce gel du corps électoral pour le vote au référendum était une revendication historique des partis indépendantistes, 34 000 personnes sont donc exclues du processus référendaire. Ce régime dérogatoire, inscrit dans la Constitution, est *a priori* contraire à la notion d'égalité entre les citoyens. Pourtant, les jurisprudences française et européenne ont confirmé ces dispositions dans deux arrêts célèbres. Ainsi, une personne qui paye ses impôts depuis 1999 en Nouvelle-Calédonie peut se voir refuser légalement le droit de vote lors d'un référendum en Nouvelle-

Calédonie. Les institutions en Nouvelle-Calédonie sont donc organisées sur un modèle fédéral, même si le terme est scrupuleusement évité. Conscient de ce futur casse-tête juridique, Michel Rocard déclarait le 5 mai 1998 : « Je savoure à l'avance la perplexité des professeurs de droit public devant la nouveauté et l'étrangeté de l'objet constitutionnel que vous venez d'inventer ensemble. »

L'influence du processus référendaire calédonien sur les autres collectivités d'outre-mer

La Polynésie française et la Nouvelle-Calédonie sont deux collectivités qui ne se ressemblent pas sociologiquement. Pourtant, les statuts calédoniens et polynésiens ont toujours évolué de conserve. Quand l'État accordait des transferts de compétence à une collectivité, elle devait les accorder à l'autre. Localement, les Polynésiens lorgnent sur les Calédoniens quand ils ont un meilleur statut et inversement. En 1946, les deux statuts de territoire d'outre-mer sont à peu près semblables et correspondent à l'article 74 de la Constitution. En 1956 la loi-cadre Defferre s'applique sur les deux territoires. Le 6 septembre 1984, les deux collectivités obtiennent un statut d'autonomie le même jour. L'un va mener à l'autonomie effective, l'autre à la guerre civile. En 1998, au moment où l'accord de Nouméa fixe le statut unique calédonien, le Premier ministre Lionel Jospin promet un statut de large autonomie à la Polynésie française. Celui-ci ne sera jamais voté par le Congrès français et donc pas inscrit dans la Constitution. L'évolution statutaire en Nouvelle-Calédonie exercera par conséquent une influence sur la Polynésie française. Une partie de la classe politique polynésienne souhaite organiser le même processus référendaire en Polynésie française. Roch Wamytan, le principal leader indépendantiste kanak, a prédit que si la Calédonie devenait indépendante, la Polynésie suivrait.

Les conséquences de l'évolution statutaire en Nouvelle-Calédonie ne se limitent pas à la Polynésie française, mais à l'ensemble des collectivités d'outre-mer. En effet, la révision constitutionnelle de 2003 sur la décentralisation, dans son volet outre-mer, ne se comprend que par les évolutions statutaires accordées à la Nouvelle-Calédonie. Avec les lois de pays désormais admises en Nouvelle-Calédonie et en Polynésie française, des actes à valeur législative adoptés par les assemblées territoriales, c'est le principe même d'indivisibilité de la République qui a été réinterprété de manière constructive. Aussi, la nouvelle rédaction de l'article 73 a étendu le champ des possibles en disposant que les lois et les règlements peuvent faire l'objet d'adaptation par les collectivités territoriales régies par l'article 73 (exception faite de La Réunion). La révision constitutionnelle de 2003 accroît de manière significative le pouvoir normatif des collectivités. Enfin, politiquement, l'avenir institutionnel de la Nouvelle-Calédonie fera jurisprudence auprès des autres mouvements indépendantistes dans l'ensemble de l'outre-mer français. Si l'ordre public est suffisamment perturbé en Nouvelle-Calédonie, cela inspirera forcément d'autres acteurs politiques dans leur rapport de forces avec Paris. Si le processus de souveraineté partagée reste donc très largement à inventer dans le cadre des relations entre la France et les collectivités ultramarines, un processus juridique encore plus étonnant a existé et est à l'étude dans l'Indo-Pacifique français : le partage de souveraineté avec un État étranger.

Une souveraineté partagée avec des États étrangers ?

La ZEE en Indo-Pacifique est contestée par certains États étrangers (voir *infra*). Se pose alors la problématique suivante : l'État doit-il partager la souveraineté et développer des projets communs avec les États riverains ? Ou *a contrario*, l'État doit-il défendre coûte que coûte les principes fondateurs d'unicité, d'inaliénabilité, d'imprescriptibilité et d'indivisibilité de la République, et donc défendre la souveraineté française sur ses territoires sans concession contre toute intrusion étrangère et sans partage ?

Il existe un précédent historique en Indo-Pacifique avec le condominium des Nouvelles-Hébrides (ancien nom colonial donné à l'archipel du Vanuatu), colonie franco-britannique de 1907 à 1980 et création administrative unique. L'exemple dans le Pacifique qui s'en rapproche le plus est la division de l'archipel des Samoa entre les États-Unis et l'Allemagne de 1900 à 1914. Au début du xxe siècle, la France et l'Angleterre, alors en pleine crise diplomatique à la suite de l'incident de Fachoda, sont soucieuses de contrer l'influence grandissante de l'Allemagne, notamment dans le Pacifique (les Allemands à l'époque sont présents en Papouasie-Nouvelle-Guinée, aux îles Salomon et aux Marshall). Les deux rivaux décident de ratifier une série d'accords bilatéraux. On parle alors d'« entente cordiale ». La question coloniale (Égypte, Maroc, Madagascar, Siam) fait partie intégrante de cette politique de détente entre les deux puissances. Elles s'entendent sur l'administration commune des Nouvelles-Hébrides dans le cadre d'un condominium où s'exercera une souveraineté conjointe. Ce système avait l'originalité de voir se superposer trois souverainetés. Celle du Royaume-Uni pour les ressortissants britanniques, celle de la France pour les ressortissants français, et celle du condominium pour les autochtones. Le condominium s'est avéré dysfonctionnel, la duplication des administrations rendant la gouvernance inefficace, difficile et chronophage. Il va pourtant persister pendant 74 ans, jusqu'à l'indépendance du Vanuatu.

D'autres solutions sont actuellement à l'étude pour adoucir les relations entre la France et ses voisins de l'océan Indien. L'île de Tromelin, par exemple, est revendiquée depuis 1976 par l'île Maurice. Le gouvernement mauricien considère que l'île aurait dû rester sous souveraineté britannique à l'issue du traité de Paris de 1814. Les diplomaties française et mauricienne se querellent sur la traduction de l'article 8 du traité. Pour apaiser les tensions, les deux pays, partenaires dans le cadre de la COI, se sont entendus et ont signé un accord de cogestion économique, scientifique et environnemental sur l'île en 2010. Cet accord n'a cependant jamais été ratifié par le Parlement français. Si le texte a été adopté au Sénat en 2012, il est ensuite retiré de l'ordre du jour de l'Assemblée nationale en 2013 et 2017, à l'initiative du parlementaire Philippe Folliot qui estime que la souveraineté française ne peut être « bradée ». La question a été remise à l'agenda en décembre 2019 à Karachi devant la Commission Thonière de l'océan Indien, où diplomaties française et mauricienne ont réitéré leurs revendications sur l'île. L'ambition de cogestion, ce qui sur une île déserte correspond *de facto* à un partage de souveraineté, n'a donc pas résisté aux revendications concurrentes entre la France et l'île Maurice.

Autre sujet épineux, toujours dans les îles Éparses, les revendications malgaches sur les îles Glorieuses, Europa, Bassas da India et Juan de Nova. En 2019, une commission mixte est lancée par Emmanuel Macron et son homologue malgache Andry Rajoelina, prévoyant un accord franco-malgache sur ces îles en juin 2020 pour le soixantième anniversaire de l'indépendance malgache. La pandémie du coronavirus a repoussé cette échéance à juin 2025. La seconde commission n'a toutefois produit aucun résultat notable, les deux diplomaties constatant simplement leur désaccord sur le sujet, sans aucune évolution du *statu quo* actuel.

Concernant les îlots Matthew et Hunter, revendiqués par le Vanuatu, les deux pays ont annoncé, le 23 juillet 2025, le lancement de négociations sur la souveraineté de ces territoires. Reste à déterminer si un projet de cogestion ou de partage de souveraineté sera envisagé, et surtout s'il pourra être effectivement mis en œuvre.

Dans l'Indo-Pacifique, la République française s'exerce à une décolonisation sans perte totale de souveraineté. Mais celle-ci est contestée autant de l'intérieur, par des mouvements indépendantistes, qu'à l'extérieur par des États tiers. L'État français a donc adopté des statuts juridiques originaux, non figés dans le temps, dérogatoires et institutionnalisant la souveraineté partagée. Dans l'Indo-Pacifique français, l'unité et l'indivisibilité de la République relèvent dès lors plus du slogan politique et idéologique que de la réalité. Ce partage de souveraineté permet d'ailleurs à la diplomatie française d'avoir accès à des instances internationales qui lui étaient fermées auparavant, et donc d'accroître son influence dans l'Indo-Pacifique. Quant à la souveraineté partagée avec un État étranger, toutes les tentatives ont pour l'instant échoué. Les négociations en cours avec l'île Maurice et Madagascar sur les îles Éparses n'ont à ce jour pas abouti. Le cas de Mayotte, exclue de quasiment toute coopération régionale, sera forcément plus épineux, et nécessitera à terme une négociation avec l'État comorien. Chaque CFIP reste le théâtre de problématiques locales spécifiques parfois sans corrélation d'une collectivité à l'autre. La stratégie indo-pacifique de l'État relève plus de l'ambition géostratégique que d'une réalité sociale et locale. L'adoption de la nouvelle nomenclature indo-pacifique traduit également un changement de paradigme géopolitique pour les CFIP. Longtemps éloignées des grandes questions internationales, ces collectivités sont replacées au cœur des grands enjeux géopolitiques du XXIe siècle par l'émergence du nouveau schème indo-pacifique.

LES COLLECTIVITÉS FRANÇAISES DE L'INDO-PACIFIQUE À LA CONFLUENCE D'INTÉRÊTS GÉOPOLITIQUES CONCURRENTS

Je considère donc cette initiative du Président Macron comme une offre supplémentaire et alternative, pour nos pays du Pacifique, vis-à-vis de la Route de la soie.

Édouard Fritch, discours à l'Université de la Polynésie française, 2019

Aussi séduisante qu'elle puisse paraître, la notion d'Indo-Pacifique n'a que peu de réalité géographique, historique et sociologique. Les CFIP se trouvent aux antipodes de l'Indo-Pacifique. Mise à part l'appartenance à une entité commune, la République française, quelles similitudes peuvent apparaître entre Mayotte et Wallis-et-Futuna, entre La Réunion et Clipperton, entre la Polynésie française et Kerguelen ?

Les objectifs du constructivisme régional pour l'État sont clairs, mais le nouveau concept ne résiste pas à la permanence des inerties géopolitiques propres à chaque CFIP. En effet les ensembles régionaux que sont l'océan Indien et l'océan Pacifique constituent deux régions distinctes aux réalités géopolitiques différentes, dans lesquelles chaque CFIP fait face à un contexte spécifique.

En outre, la construction de la sémantique indo-pacifique vise d'abord à endiguer la puissance économique de la Chine. Or celle-ci est souvent perçue dans les CFIP, comme une perspective de développement, pas forcément comme une menace. En découle parfois un décalage entre le discours des services de l'État et celui des collectivités.

Espace indo-pacifique, bicéphalie régionale

Les grandes puissances poursuivent avec acharnement des stratégies pour élargir et étendre un sentiment d'insécurité. La vigueur avec laquelle est préconisé l'Indo-Pacifique nous laisse avec beaucoup d'incertitude. Pour le Pacifique, il existe un risque réel de privilégier l'« Indo » par rapport au « Pacifique ». Il y a eu une réticence à s'engager.

Tuilaepa Sailele Malielegaoi, Premier ministre samoan, 2018

Le concept Indo-Pacifique tente d'unifier deux espaces hydrologiques distincts en une seule région. Le trait d'union dans la formulation « Indo-Pacifique » illustre cette bicéphalie régionale (Lechervy, 2019). Dans un contexte de solidarité progressive et de tentative d'unification, chaque ensemble régional et même sous-régional, tente de maintenir son autonomie et de préserver ses spécificités. Les différents acteurs cherchent avant tout à préserver leurs intérêts directs tout en exigeant que leurs situations spécifiques soient prises en compte. La conscience d'appartenance régionale des CFIP ne se conjugue pas systématiquement avec la stratégie indo-pacifique de l'État. Les enjeux géopolitiques dans les deux bassins hydrographiques sont différents :

– L'Océanie, laboratoire des relations sino-occidentales au XXIe siècle, est également une région fracturée par des clivages sous-régionaux.

– L'océan Indien, carrefour économique majeur, voit s'enchevêtrer divers contextes géopolitiques, diverses influences de puissances régionales et divers arcs de crise.

Les géopolitiques des océans Pacifique et Indien sont donc très différentes, chaque ensemble régional faisant face à des problématiques propres.

Océanie, des rivalités géopolitiques endogènes et exogènes

Longtemps marquée par son insularité et son éloignement des principales routes commerciales, l'Océanie redevient une zone géopolitique au centre des problématiques internationales, théâtre d'une rivalité sino-américaine en ce début de XXIe siècle. D'autres facteurs de crise endogènes complexifient les grilles de compréhension de la géopolitique régionale. Considérée comme un lac américain au lendemain de la Seconde Guerre mondiale (Heffer,1995), l'Océanie est en effet désormais un terrain d'action du gouvernement de Pékin. La RPC a depuis le début du XXIe siècle développé son influence dans l'ensemble de la région. Les diverses stratégies adoptées par Pékin dans la zone sont d'ailleurs bien documentées : manipulation du roman national, influence économique, relai de la diaspora, aides au développement, diplomatie du portefeuille visant à limiter toute influence de Taiwan, participation et organisation de dialogues multilatéraux, coopérations politiques et militaires bilatérales. En 2017, la diplomatie chinoise faisait même la promotion de trois « passages économiques bleus » comme composantes des Nouvelles routes de la soie maritimes, notamment le passage « Chine-Océanie-Pacifique Sud ».

Le développement de l'influence chinoise en Océanie

La connaissance du monde océanien est faible en Chine par rapport aux États-Unis ou aux Européens. La RPC est surtout intéressée par sa relation bilatérale avec l'Australie. Pourtant, la concurrence diplomatique avec Taiwan et le développement des activités économiques placent la Chine au centre des problématiques régionales.

Si la Chine continentale et le l'île de Taiwan sont *de facto* gouvernées par deux entités différentes, le gouvernement de Pékin revendique toujours la pleine souveraineté sur l'île de Formose. Corollaire diplomatique à ces tensions politiques, quiconque veut établir des relations avec la République Populaire de Chine doit d'abord abandonner toute reconnaissance formelle de la République de Chine (ROC-Taiwan). Un des derniers bastions de l'influence taiwanaise se trouve donc dans le Pacifique insulaire. Les États océaniens, qui représentent seulement 0,1 % de la population mondiale mais ils totalisent 6,7 % des voix aux Nations unies et 40 % de l'espace maritime international, ont donc de quoi susciter la convoitise des deux Chines. Cette quête de reconnaissance exclusive se matérialise par une aide économique et des investissements démesurés.

Dans les années 2000, le Pacifique insulaire a été le théâtre d'une compétition féroce entre les deux rivales chinoises en quête de reconnaissance diplomatique exclusive, certains spécialistes parlèrent alors de « diplomatie du portefeuille ». Celle-ci a eu des conséquences néfastes sur la politique interne de certains États, car la reconnaissance de l'un des deux gouvernements chinois était devenue l'un des enjeux principaux des élections locales, provoquant parfois des émeutes raciales et la destruction de quartiers chinois comme ce fut le cas dans les îles Salomon en 2006 et 2022, et Tonga en 2006. Après plusieurs décennies d'accalmie, le projet des Nouvelles routes de la soie, l'exacerbation de la rivalité sino-américaine et la crise du Covid-19 ravivent ces tensions. La rivalité diplomatique a ainsi rebondi en Amérique Centrale où, depuis 2017, quatre États ont décidé de reconnaître la Chine au détriment de Taiwan : le Panama, la République dominicaine, le Salvador et le Nicaragua.

En Océanie, en septembre 2019, à quelques jours d'intervalle, les îles Salomon et Kiribati rompent leurs relations diplomatiques avec Taiwan pour reconnaître le régime de Pékin. Comme souvent, les arguments développés par les politiciens locaux sont l'insuffisance taiwanaise en matière d'aide au développement et la promesse des autorités de Pékin d'investissements massifs, d'aide au développement et de construction d'infrastructures.

La RPC annonce quasi simultanément le financement de la construction du *Pacific Game Stadium* à Honiara. L'ex-Premier ministre salomonais Manasseh Sogavare en visite à Pékin déclare concomitamment la participation de son pays aux Nouvelles routes de la soie, tout en négociant un prêt de 100 milliards de dollars avec Pékin, soit 67 fois le PIB du pays. Parallèlement, l'entreprise chinoise China Sam conclut un accord de location intégrale de l'île de Tulagi (Îles Salomon) pour 75 ans. Ancienne base militaire japonaise et britannique, cette île possède un mouillage naturel en eau profonde. Ce contrat fut jugé illégal par le procureur général des îles Salomon, mais nul doute qu'une fois les contraintes juridiques surmontées, les investisseurs chinois relanceront le projet. En 2022, les deux pays ont également signé un accord de sécurité autorisant la présence de forces armées chinoises aux Salomon, ce qui a provoqué l'ire de Washington et Canberra. Du côté des Kiribati, le micro-État a souvent fait figure de « girouette » dans cette rivalité diplomatique sino-taiwanaise. Sa situation géographique proche de l'équateur en fait un emplacement idoine pour le suivi des missiles balistiques chinois. Une station satellite avait d'ailleurs été installée par la Chine, puis démantelée en 2003 à la suite de la reconnaissance diplomatique de Taiwan par les Kiribati. Aucune reprise des activités d'ordre satellitaire n'a été indiquée ou constatée (Frécon, 2025). La rivalité entre les « deux Chines » est donc montée en intensité dans le Pacifique insulaire. En témoigne un événement plus cocasse à Fidji en 2020 où des représentants taiwanais et chinois en sont venus aux mains. C'est probablement pour éviter ce genre d'incidents que les îles Salomon ont indiqué que ni Pékin, ni Taiwan, ni aucun des autres partenaires de dialogue n'ont été invités au Forum des îles du Pacifique en septembre 2025 à Honiara. À la suite du revirement opéré par l'Île de Nauru en 2024, Taiwan ne conserve à ce jour que 12 représentations étrangères dans le monde, dont 3 dans le Pacifique : Tuvalu, les îles Marshall et Palaos.

Au-delà de la rivalité avec Taiwan, la diplomatie chinoise a décidé de prendre une part active au dialogue multilatéral océanien. La RPC a ainsi contribué au financement du Forum de développement des îles du Pacifique (FDIP) et piloté la construction du secrétariat du GFLM à Port-Vila. Elle est également partenaire de dialogue du FIP depuis 1990.

Selon l'Institut Lowy, un think tank australien, la RPC aurait versé plus de 2,5 milliards de dollars d'aide aux pays du Pacifique de 2011 à 2022, sous forme de prêts et de dons. La Chine est le quatrième contributeur régional derrière les bailleurs de fonds traditionnels que sont l'Australie (8,7 milliards), la Nouvelle-Zélande (3 milliards) et le Japon (2,8 milliards), mais devant les États-Unis (2,5 milliards).

Aide au développement aux pays du Pacifique (en millions de dollars)

Source : https://pacificaidmap.lowyinstitute.org/map/?from=2022

	Australie	Chine	UE	Japon	NZ	USA
2011	1 300	91	100	180	190	230
2012	1 200	80	72	150	220	210
2013	1 100	210	87	140	200	220
2014	1 100	250	93	130	250	180
2015	100	290	100	130	220	130
2016	880	190	66	180	220	66
2017	950	170	95	190	220	160
2018	1 100	323	144	253	306	253
2019	1 300	225	161	251	288	159
2020	999	231	143	368	270	289
2021	1 900	251	171	662	408	308
2022	1 500	256	109	249	233	249
Total	**13429**	**2 567**	**1 341**	**2 883**	**3 025**	**2 454**

La Chine a financé pas moins de 287 projets dans la région. Les plus importants étant la construction d'une autoroute reliant Nabouwalu à Dreketi aux Fidji (128 millions de dollars), plusieurs tronçons d'autoroutes reliant Port Moresby (123 millions de dollars), le quai de Luganville au Vanuatu (70 millions) et la rénovation de l'aéroport de Faleolo aux Samoa. Si la région océanienne ne représente que 4 % de l'aide au développement chinoise, la RPC demeure tout de même un contributeur primordial. Plus de 80 % des aides ont pris la forme de prêts concessionnels, avec des échéances de remboursement prolongées dans le temps pour des projets d'infrastructures. Contrairement aux bailleurs de fonds occidentaux, les aides chinoises ne sont pas conditionnées à des politiques de bonne gouvernance ou au respect des droits de l'Homme. Pour autant l'ambassadeur de Chine au Vanuatu admettait récemment dans la presse australienne que le gouvernement de la RPC conditionnerait l'attribution de l'aide à un soutien des positions de la Chine aux Nations unies. Ces investissements chinois suscitent les critiques des bailleurs de fonds traditionnels, États-Unis en tête.

Le Pacific Century américain ?

L'intérêt américain pour l'océan Pacifique remonte au XIXe siècle, les États-Unis sont alors une puissance centrée sur le continent américain. Pourtant, la jeune nation développe très rapidement une capacité hauturière et étend son influence sur l'ensemble du bassin Pacifique. Dès 1853, le commodore Perry entre dans la baie de Tokyo et tire le Japon de son autarcie économique et culturelle. En 1867 les forces américaines occupent l'île de Midway. En 1898 la guerre hispano-américaine aboutit à la colonisation étatsunienne des Philippines, la même année l'île de Hawaï est annexée ainsi que plusieurs îles micronésiennes. À partir de 1941, les États-Unis deviennent une « *Two Ocean Navy* », avec une capacité de projection navale sur deux façades maritimes, atlantique et pacifique.

Les États-Unis disposent encore d'une supériorité écrasante sur mer, mais la Chine, non tenue par le traité sur les forces nucléaires à portée intermédiaire (1987-2009), a déployé près de 2000 missiles positionnés à terre le long de son littoral, capables de frapper Taiwan, Guam et même Hawaï. Presque immédiatement après le retrait des États-Unis du traité le 2 août 2019, le Pentagone a annoncé son intention d'armer son infanterie de marine avec des missiles de croisière Tomahawk. Les Marines Corps vont ainsi progressivement réinventer leur mode de fonctionnement et leurs capacités opérationnelles, *via* petites unités plus mobiles qui accompagneront les missions de l'US Navy. Les États-Unis participent également à l'aide au développement dans la région océanienne. En 2020, le département d'État a publié un document pour le Pacifique, le *Pacific Pledge*, annonçant le versement de plus de 200 millions de dollars aux pays de la région du Pacifique. Soit une augmentation de 100 % par rapport à 2019. Illustration politique de cette volonté d'implication stratégique dans la zone, le pays a lancé depuis 2022 un forum États-Unis/îles du Pacifique qui réunit les dirigeants des États insulaires du Pacifique pour discuter de questions cruciales telles que le changement climatique, la sécurité régionale et le développement économique.

L'État américain dispose également de onze territoires sous sa souveraineté dans le Pacifique (Guam, îles Mariannes du nord, Samoa américaines,) dont huit inhabités (île Baker, île Howland, île Jarvis, récif Kingman, îles Midway, atoll Wake, atoll Johnston, atoll Palmyra). Par ailleurs les États-Unis sont liés par un traité de libre association (Compact of Free Association) avec Palaos, les États fédérés de Micronésie et la République des îles Marshall. Les États-Unis ont de ce fait la charge de la protection de ces territoires en cas d'agression externe. Beaucoup de ressortissants de ces îles servent dans les forces armées américaines. En 2024, le traité de libre association a été renouvelé pour 20 ans. Cet accord apporte aux nations insulaires un support économique vital et donne aux États-Unis une profondeur stratégique dans le Pacifique. Vestige de la Second Island Chain, il est désormais partie intégrante de la stratégie indo-pacifique.

Au-delà rivalité sino-américaine, la géopolitique du Pacifique insulaire est également structurée par des problématiques exclusivement océaniennes.

Régionalisme intrapacifique

Au XIXe siècle, l'ensemble des îles océaniennes fut progressivement intégré au système mondialisé à travers une colonisation d'abord religieuse puis politique de diverses puissances européennes. À l'heure de la décolonisation, il a fallu remplacer cette administration par des organisations multinationales. C'est dans cet état d'esprit que sera créée en 1947 la Commission du Pacifique Sud (CPS), rebaptisée Communauté du Pacifique en 1995, à l'initiative de l'Australie, de la Nouvelle-Zélande, des États-Unis et de trois puissances coloniales européennes (France, Grande-Bretagne, Pays-Bas). L'organisation se compose aujourd'hui de 26 États membres et son siège est à Nouméa. La signature de l'ANZUS en 1951, un pacte militaire signé entre l'Australie, la Nouvelle-Zélande et les États-Unis, ancre alors le Pacifique Sud dans le camp américain pendant la Guerre froide. Face à cette domination occidentale dans les institutions multilatérales, les États insulaires ont cherché dès 1971 à créer une dynamique différente visant à se détacher des anciennes puissances coloniales avec la création du Forum des îles du Pacifique (FIP). Certaines conditions, comme la nécessité d'être un État indépendant, écartaient *de facto* les collectivités françaises. L'institution avait pour objectif de traiter les sujets absents de l'agenda de la CPS, comme la dénucléarisation de la région. Le FIP a fait de la condamnation des essais nucléaires français son cheval de bataille. C'est d'ailleurs le Forum qui a servi de cadre pour l'adoption du traité de Rarotonga le 6 août

1985, créant une zone dénucléarisée en Océanie. En 2009, à la suite d'un coup d'État aux Fidji, le FIP, sous influence australienne et néo-zélandaise, décide de suspendre les Fidji du Forum. Si cette suspension a été levée en 2014, le Président fidjien Bainimarama a créé l'année précédente une institution concurrente au FIP, le Forum de Développement des îles du Pacifique (FDIP), largement financé par la Chine. L'organisation compte aujourd'hui 12 membres. L'Australie et la Nouvelle-Zélande n'ont pas été invitées, la Papouasie-Nouvelle-Guinée et les Samoa n'en sont pas membres, symbole des rivalités insulaires. D'autres organisations à vocation écologiques et centrées sur le thème du développement durable ont également émergé. C'est le cas du Programme régional océanien de l'environnement (PROE) dépendant de la CPS et regroupant la totalité des États membres de celle-ci, d'Oceania 21 initiée par la Nouvelle-Calédonie et qui rassemble tous les États et territoires d'Océanie ou encore de l'Alliance des petits États insulaires (AOSIS), organisation intergouvernementale qui a pour but de faire entendre la voix des petits États insulaires face aux conséquences du changement climatique.

La concurrence institutionnelle entre plusieurs organisations qui s'occupent parfois des mêmes problématiques est flagrante. Pour ne rien arranger, les petits territoires autonomes ont également voulu se regrouper en association sous-régionale, afin de revendiquer des appartenances et des intérêts parfois incompatibles avec ceux de pays voisins. Par exemple, le Groupe Fer de lance mélanésien (GFLM) est officiellement créé en 1988, les trois membres fondateurs de cette alliance mélanésienne sont la Papouasie-Nouvelle-Guinée, le Vanuatu et les Salomon, rejoints en 1998 par les Fidji. Explicitement anticolonialiste, son objectif initial était de faire du lobbying pour que la Nouvelle-Calédonie accède à l'indépendance. Le Front de libération nationale kanak et socialiste (FLNKS), parti indépendantiste kanak, en est devenu membre à part entière en 1990. L'organisation a également tenté de jouer le médiateur dans le conflit en Papouasie occidentale. L'Indonésie est devenue membre associé en 2015, tandis que le mouvement d'opposition United Liberation Movement for West Papua (qui souhaite l'indépendance de la Nouvelle-Guinée occidentale vis-à-vis de l'Indonésie) a finalement obtenu un poste d'observateur. Sur le modèle mélanésien, les Polynésiens ont promu leur propre institution, le Polynesian Leaders Group (PLG), créé en 2011. Ce groupe rassemble douze États ou territoires autonomes de Polynésie. Réponse implicite au GFLM mélanésien, le PLG polynésien est moins véhément sur les questions de souveraineté et cherche plus à promouvoir une alliance culturelle et la protection du patrimoine commun. À la suite du PLG polynésien, les leaders micronésiens ont à leur tour lancé leur réunion annuelle, le Micronesian Presidents' Summit (MPS), réunissant les Palaos, les îles Marshall, les États fédérés de Micronésie et, depuis 2018, Kiribati et Nauru. À cet enchevêtrement diplomatique, illisible pour les non-initiés, se superposent différents forums et stratégies nationales, portés par des États extérieurs à la région pour s'attirer les bonnes grâces des diplomaties océaniennes.

Stratégie diplomatique à destination des pays océaniens	
RPC	*China-Pacific Island Countries Economic Development and Cooperation Forum*
Japon	*Pacific Islands Leaders Meeting / Pacific Bound*
Inde	*Forum for India-Pacific Islands Cooperation*

Stratégie diplomatique à destination des pays océaniens	
Corée du Sud	*Korea-Pacific Islands Foreign Ministers' Meeting*
Thaïlande	*Thailand-Pacific Island Countries Forum*
Taiwan	*Pacific Islands Dialogue*
Singapour	*Singapore-Pacific Ministerial Visit*
Indonésie	*Pacific Elevation*
Australie	*Pacific Step-up*
États-Unis	*Pacific Pledge*
Grande-Bretagne	*Pacific Uplift*
Canada	*Pacific Shift*
Nouvelle-Zélande	*Pacifique Reste*
France	Sommet France-Océanie

La lutte contre le réchauffement climatique, ciment de l'unité régionale

En première ligne face aux effets du changement climatique, les petits États insulaires du Pacifique en subissent déjà les conséquences : élévation du niveau de la mer et possible submersion d'atolls coralliens, ce qui menace à terme l'existence de certains États (Kiribati, Tuvalu), acidification des océans affectant l'ensemble de l'écosystème ultramarin, réchauffement climatique entraînant la multiplication des catastrophes naturelles (inondations, incendies, cyclones). Face à cette urgence climatique, le Forum des îles du Pacifique, principale institution multilatérale régionale, a publié en 2019 la déclaration *Blue Pacific* qui fait de la lutte contre le réchauffement climatique l'enjeu régional fondamental pour « assurer un avenir commun dans le Pacifique ».

Menacés dans leur existence même, différents leaders politiques régionaux portent régulièrement la voix des Océaniens lors de grandes conférences internationales (COP et convention-cadre des Nations unies sur les changements climatiques). Certains, comme l'ancien chef d'État des Kiribati à la COP 21 de Paris, interpellent même directement les grandes puissances, principales responsables des émissions de gaz à effet de serre, pour les alerter sur les conséquences de leurs actes et développer une prise de conscience mondiale. Les Océaniens savent donc se montrer solidaires et unis face à la menace du réchauffement climatique. Néanmoins, des fractures réelles persistent dans l'ensemble régional.

Clivages intraocéaniens : réalité identitaire et velléités sécessionnistes

Le Pacific Way, sorte d'irénisme océanien théorisé par l'ancien Premier ministre fidjien Kamisese Mara, vanté comme solution pour résoudre les crises par le dialogue, le consensus et l'harmonie pluriethnique, a en partie échoué. Les crises sécessionnistes se multiplient (Panoff, 1991).

En Papouasie-Nouvelle-Guinée sur l'île de Bougainville, où la guerre civile en 1988 avait fait entre 15 et 20 000 morts, 97 % des habitants ont voté pour l'indépendance de l'île au cours d'un référendum organisé en décembre 2019. D'autres exemples historiques existent. Au début des années 2000, des milices des populations de Guadalcanal et de Malaita (îles Salomon) s'opposent. La guerre civile nécessite une intervention en 2003 d'un corps expéditionnaire à forte composante australienne, missionné par le gouvernement des îles Salomon et soutenu par le Forum des îles du Pacifique. En 2006, un coup d'État aux Fidji est orchestré par l'armée, quasiment exclusivement composée de Mélanésiens. Ce coup de force politique est la conséquence de tensions larvées entre populations mélanésiennes et indo-mélanésiennes.

Certes, comme ailleurs, le découpage colonial des différentes entités territoriales n'a pas pris en compte les réalités anthropologiques des populations océaniennes. Souvent l'élaboration des frontières s'est faite en fonction des ambitions impériales concurrentes. En 1975, les îles Gilbert et Ellice décident de se séparer, la diversité ethnique aboutit de son côté au divorce Kiribati/Tuvalu. Des tensions ethniques aux Fidji ou en Nouvelle-Calédonie sont également la conséquence directe de politiques coloniales. Enfin l'exode rural, exacerbe la concurrence entre les différentes populations précarisées. Les luttes entre *Raskols*, des gangs de criminels, font de Port Moresby l'une des villes les plus dangereuses du monde. S'y ajoutent le syncrétisme et la multiplicité religieuse, les rivalités entre catholiques et protestants, les cultes millénaristes, etc. Dernier exemple en date de ces rivalités intra-insulaires qui mettent à mal le Pacific Way : en janvier 2021, cinq pays micronésiens ont décidé de quitter le FIP après une élection houleuse de son Secrétaire général. En juillet 2022, c'est au tour des Kiribati de se retirer du Forum.

Les collectivités françaises du Pacifique ne sont pas exemptes non plus de tensions interarchipels, en Polynésie française notamment. Ainsi Lucien Kimitete, maire de Nuku-Hiva (archipel des Marquises), déclarait en 2002 : « Il ne faut jamais oublier que les Marquises sont un butin de guerre pour la France qui les a, par commodité, intégrées à la Polynésie. Si nous avons été colonisés autrefois par la France, aujourd'hui le colonisateur c'est Tahiti. » Depuis le XIXe siècle, une situation de macrocéphalie du centre urbain tahitien persiste (Merceron *et al.*, 2013). Soixante-quatorze petites collectivités insulaires sont réparties sur un domaine océanique aussi vaste que l'Europe continentale, mais toutes les administrations se trouvent à Papeete. La création de la communauté de communes des îles Marquises en 2016 traduit cette volonté d'émancipation de l'archipel situé à 1 500 km du centre tahitien. Les maires se sont entendus pour créer une collectivité détachée de la Polynésie française directement rattachée à la France. La création de lignes internationales à destination de Nuku-Hiva et Rangiroa a souvent été évoquée et constituerait les prémices d'une véritable décentralisation polynésienne.

L'Océanie est donc à la fois le théâtre de rivalité entre les deux grandes puissances mondiales que sont la Chine et les États-Unis, mais est aussi fracturée par des rivalités locales qui menacent l'unité régionale, pourtant mise en avant par certains États et institutions. Le contexte géopolitique de l'océan Indien est tout autre.

L'océan Indien, multiplicité des acteurs et des crises

L'océan Indien est plus petit géographiquement que l'océan Pacifique (166 millions de km^2 contre 68 millions de km^2), mais plus de 2,5 milliards d'êtres humains vivent dans les pays riverains (contre 42 millions en Océanie). Certains passages, comme le détroit de Malacca, le canal de Suez ou le détroit d'Ormuz sont indispensables au commerce mondial, faisant de l'océan Indien l'espace économique maritime le plus important de la planète, par lequel 80 % du pétrole transite. Aux traditionnelles tensions interétatiques séculaires et toujours omniprésentes s'ajoutent des conflits moins conventionnels : piraterie, terrorisme, enlèvement.

Politiquement, l'océan Indien est négligé, car bordé par des États en développement, seulement 6 pays à haut niveau de développement cohabitent dans cet espace régional (Australie, Singapour, Brunei, Qatar, Koweït, EAU). À partir de 1978, avec la révolution iranienne, l'espace maritime devient une aire de crises et trois conflits ouverts ont récemment ravagé la région, au Yémen, en Somalie et en Afghanistan. La guerre de Douze jours en 2025 entre l'Iran et Israël a même fait craindre un embrasement régional. Artère économique vitale, l'arc de militarisation de l'océan Indien s'étend désormais de l'Égypte à l'Australie. Lieu de rencontre entre civilisations islamique, chrétienne, bouddhiste, une diversité religieuse, culturelle, politique aboutit encore aujourd'hui à une absence d'unité culturelle revendiquée comme cela peut se voir en Océanie.

L'océan Indien, théâtre de rivalités entre grandes puissances

Traditionnellement sous domination britannique pendant l'époque coloniale, l'océan Indien reste en dehors des conflits de la Seconde Guerre mondiale. En 1967, dans un contexte de décolonisation, le gouvernement du Royaume-Uni décide de retirer successivement ses troupes du Yémen, de la Malaisie, de Singapour et des États du golfe Persique (Émirats arabes unis, Bahreïn, Maldives). La rétrocession de Hong Kong en 1997 achève ce retrait géopolitique de l'ancien Empire. Les Américains prendront le relai grâce à leur outil de prédilection, l'US Navy. La base de Diego Garcia rattachée aux Territoires britanniques de l'océan Indien accueille ainsi une base américaine depuis 1971. La thalassopolitique américaine dans l'océan Indien se matérialise à travers le commandement INDOPACOM dont cette base de constitue l'une des pierres angulaires, véritable porte-avions américain au cœur de l'océan Indien (Samaan, 2012). Elle a servi de base logistique et opérationnelle dans les différents conflits américains au Moyen-Orient. D'autres acteurs régionaux tentent également d'étendre leur influence, notamment la Chine.

La stratégie du « collier de perles » dans l'océan Indien, terme pour la première fois utilisé par un cabinet de conseil en management américain, désigne l'achat ou de la construction d'installations portuaires par des multinationales chinoises qui pourraient être utilisées par la marine de guerre chinoise. Ce concept n'est cependant pas employé par la diplomatie chinoise, les autorités de Pékin se défendant de tout projet hégémonique dans la région. Le renforcement des coopérations bilatérales avec l'ensemble des pays de la région interroge pourtant et inquiète les pays traditionnellement rivaux de Pékin. En premier lieu l'Inde, rival historique de la Chine et autre puissance montante en Asie. Les deux géants asiatiques sont déjà en désaccord sur leur frontière himalayenne longue de plus 3 000 km, et le développement de la puissance thalassopolitique chinoise étend cette rivalité au domaine océanique. Le rapprochement militaire Inde-États-Unis-Australie (exercice Malabar 2024) semble confirmer l'amplification des tensions sino-indiennes. Les États insulaires de l'océan Indien (Sri Lanka, Maldives, île Maurice, Seychelles, Madagascar, Comores) sont situés à des carrefours stratégiques dans les échanges entre l'Afrique et l'Asie. Parallèlement aux diverses politiques menées par les grandes puissances, les nations insulaires de la zone ont pris conscience de leur importance. Les gouvernements n'hésitent donc pas à pratiquer le chantage entre les différentes convoitises. Les îles s'émancipent de leur sphère d'influence traditionnelle. Une connaissance spécifique du contexte local s'avère alors indispensable, et l'Inde comme la Chine rivalisent de stratagèmes pour étendre leur influence. En témoignent les nombreux échanges diplomatiques entre les deux géants et ces petits États insulaires. Localement, cette rivalité devient même un critère électoral et pèse sur les débats politiques intérieurs.

Culturellement, l'influence de l'Inde est très marquée à l'île Maurice (le Premier ministre indien Narendra Modi parla de l'île comme d'une « Little India »), ainsi qu'au Sri Lanka, aux Maldives et, dans une moindre mesure, aux Seychelles. L'influence indienne s'étend au domaine militaire. Ainsi, les forces armées indiennes intervinrent militairement en 1987 au Sri Lanka et en 1988 aux Maldives pour déjouer des coups d'État. Selon certains observateurs, l'Inde aurait également pensé à intervenir en 2018 lors des troubles politiques aux Maldives consécutifs à l'instauration d'un état d'urgence, mais la Chine a vite averti qu'elle réagirait en cas d'intervention indienne. Dans le prolongement de sa nouvelle doctrine de rapprochement des petits États insulaires, l'Inde développe actuellement des projets d'installations militaires à l'île Maurice, à Madagascar et aux Seychelles. Malgré cet activisme dans la région, New Delhi a un temps de retard sur le concurrent chinois. Car Pékin utilise les mêmes stratagèmes qu'ailleurs, notamment le développement d'infrastructures : installations portuaires au Sri Lanka (Hambantota et Colombo), à Moroni (Comores) et à Narinda (Madagascar) ou aéroportuaires à l'île Maurice, aux Maldives et au Sri Lanka. Il est intéressant de voir que l'île de La Réunion n'échappe pas à l'intérêt des deux géants asiatiques. Appelée à devenir plateforme de référence de la coopération franco-indienne, l'île développe également ses relations avec la Chine. Les deux pays disposent d'ailleurs d'un consulat sur l'île française.

L'absence d'organisation multilatérale dans l'océan Indien

Historiquement l'océan Indien rassemble plus qu'il ne sépare. Il existe des acteurs transnationaux, mais la collaboration se révèle moins politique (interétatique) qu'économique, culturelle ou idéologique. L'espace hydrographique de l'océan Indien compte quarante États frontaliers. C'est un ensemble très hétérogène sans personnalité globale, et sans vision d'ensemble. Cette absence d'unité géostratégique étatique se traduit par une absence d'intégration régionale, dans un espace pourtant vital de la mondialisation marchande. La majorité des initiatives pour favoriser l'intégration régionale a émané d'acteurs extérieurs. C'est un espace de projection et d'ambitions contradictoires, une agrégation d'organisations qui se superposent sans lien entre elles. Si l'Indian Ocean Rim Association (IORA) apparaît comme l'organisation régionale de référence dans l'océan Indien, elle ne résiste pas aux tensions interétatiques, certains États de la région en étant d'ailleurs exclus (le Pakistan, le Myanmar, l'Arabie saoudite ou le Timor-Leste). Les États frontaliers ont aussi tendance à se regrouper en associations sous-régionales, distinctes de toute vision stratégique globale de l'océan Indien : la Communauté de développement de l'Afrique australe (SADC), le Conseil de coopération du Golfe (CCG), l'Association sud-asiatique pour la coopération régionale (SAARC), la Bay of Bengal Initiative for Multi-Sectoral Technical and Economic Cooperation (BIMSTEC). Ces associations sous-régionales visent surtout les activités économiques, se multiplient, mais n'ont qu'une portée limitée. Espace vital du commerce mondial, cette région est en proie à des menaces non conventionnelles comme la piraterie ou le terrorisme, qui ont nécessité l'intervention de puissances externes. Ce fut le cas de la Combined Maritime Force sous commandement de la 5e flotte américaine, de l'opération Ocean Shield de l'OTAN, de l'opération navale Atalante menée par l'Union européenne, et plus récemment de l'opération Aspides pour protéger les navires marchands en mer Rouge contre les attaques des Houthis. D'autres acteurs tels que la Russie ou la Chine veulent également montrer aux yeux du monde leur capacité de projection, et patrouillent régulièrement dans la région au motif de la lutte contre la piraterie. En témoignent les ouvertures d'une base chinoise à Djibouti et d'une base russe au Soudan. Mai un autre modèle de collaboration multilatérale, culturelle et francophone est également mis en avant dans le sud-ouest de l'océan Indien.

L'Indianocéanie : une géopolitique des îles francophones ?

L'espace indianocéanien est une nomenclature géographique mise en avant par la Commission de l'océan Indien (COI). Cette association régionale, créée en 1982 à Port-Louis, réunit initialement Madagascar, l'île Maurice et la République des Seychelles. En 1986, les Comores et la France (au titre de l'île de La Réunion) rejoignent l'organisation. Regroupant exclusivement d'États insulaires et francophones, son but est de développer une conscience culturelle commune, amenée à devenir le moteur d'un développement communautaire entre ces îles, à travers un constructivisme régional spécifique : l'Indianocéanie. Le métissage séculaire entre Africains, Austronésiens, Perses, Européens, Chinois, Indiens, Malgaches est le premier trait commun en Indianocéanie. L'insularité rassemble plus qu'elle ne sépare. On retrouve cet héritage commun dans l'architecture (village créole), la cuisine, le commerce, l'artisanat, la croyance, les rites (par exemple la Lémurie). C'est aussi l'appartenance à l'ensemble politique français qui unit ces territoires. Les Chagos, l'île Maurice, les Seychelles et La Réunion formaient les Mascareignes françaises jusqu'en 1810, date à laquelle Maurice et Rodrigues sont conquises par le Royaume-Uni. Cet ensemble sera démembré par le traité de Paris (1814), mais l'influence française ne va jamais totalement disparaître. La population parle encore largement français, *lingua franca* entre ces différentes îles, et le créole bourbonnais a une base lexicale issue du français. Tous les pays indianocéaniens sont membres de l'OIF. La présence française se retrouve également dans l'organisation du système judiciaire ou administratif. La motivation économique découlant du projet colonial, on retrouve les mêmes cultures intensives dans les différentes îles : vanille, coton, épice, girofle, canne à sucre. La COI ne vise toutefois pas l'intégration politique et met surtout en avant les liens culturels. Ainsi, plusieurs événements exclusivement culturels se sont déroulés ces vingt dernières années pour promouvoir le concept. Dans la littérature, dès les années 1960, Camille de Rauville (1910-1989), écrivain mauricien, parlait déjà d'indianocéanisme. D'autres figures littéraires comme Jules Hermann (1846-1924), Malcom de Chazal (1902-1981), Robert Edward Hart (1891-1954), plus récemment Paul Hoareau, Jean-Georges Prosper, Jean Albany, Gilbert Aubry et Jean-Marie Gustave Le Clezio incarnent cet enracinement culturel à la fois francophone et indianocéanien.

L'Indianocéanie est un donc un concept en vogue qui traduit une volonté intellectuelle de régionalisation autour d'une appartenance culturelle et linguistique commune. La pertinence géopolitique de la nomenclature est cependant plus incertaine, car elle ne forme pas un ensemble homogène. Au niveau historique d'abord, dès 1814 Maurice et les Seychelles sont détachées de la France. Madagascar aura pour sa part une histoire coloniale propre, quand l'île de La Réunion devient département en 1946 et que ses voisines indianocéaniennes choisissent la voie de la décolonisation et de l'indépendance. Par ailleurs, si la COI ne cesse de répéter que cet espace indianocéanien est un lien culturel entre les îles, il n'en demeure pas moins que de nombreuses frictions interinsulaires existent. Au niveau international : l'île des Chagos a été confisquée aux Mauriciens par la Grande-Bretagne et les États-Unis sans qu'aucune autorité ne puisse les en empêcher. La France reste discrète à ce sujet, car elle occupe aussi des territoires revendiqués par ses voisines indianocéaniennes. De fait, les revendications malgaches sur les îles Éparses et comorienne sur Mayotte détériorent le climat institutionnel de la COI. Mayotte est d'ailleurs absente de toute politique de la COI. Au niveau local, les contacts entre les îles sont inégaux et les rivalités interinsulaires courantes. Le paroxysme est atteint en 1997 quand Anjouan et Mohéli veulent se détacher de Moroni et de l'ensemble comorien. L'objectif de valorisation culturelle de l'Indianocéanie porté par la COI demeure un vœu pieux, sans véritable réalité géopolitique, avec des contextes spécifiques pour chaque entité.

L'océan Indien, une mare islamica ?

Au XXIe siècle, 60 % de la population musulmane dans le monde réside dans le pourtour de l'océan Indien. Cette influence culturelle est omniprésente dans la région à travers les diasporas yéménite, omanaise, somalienne, philippine, indienne et même chinoise. Le fameux navigateur Zheng He était lui-même musulman. La Chine nomme régulièrement des diplomates de l'ethnie musulmane Hui dans les États musulmans de la région. Cette stratégie politico-religieuse est aussi utilisée par d'autres États. La Malaisie et l'Indonésie revendiquent ouvertement une culture commune avec le monde arabe. Le plus grand pays musulman pourrait bientôt devenir l'Inde avec près de 200 millions de musulmans. L'Iran joue aussi un rôle majeur, les populations musulmanes d'Asie du Sud-Est, particulièrement en Indonésie et en Malaisie, sont une cible de la politique culturelle chiite iranienne. Ici encore les CFIP sont donc concernées, 95 % de la population mahoraise est musulmane, et pourrait être la cible d'une radicalisation terroriste. Les Comores suscitent déjà les convoitises de pays, dont les relais s'exercent à travers la religion (le Qatar, l'Iran et plus récemment l'Arabie saoudite). La mouvance salafiste progresse à Mayotte, et tient en partie à l'influence d'imams formés à l'étranger, notamment en Arabie saoudite. Certaines mosquées sont construites avec l'aide de fonds étrangers. L'Iran de son côté apporte un soutien politique à Moroni pour le retour de Mayotte dans l'Union des Comores. Dans la collectivité voisine de La Réunion, 48 cas de radicalisation ont été signalés depuis 2014. Des imams diplômés de l'université de Médine officient également dans l'île. Les contextes géopolitiques du Pacifique insulaire et de l'océan Indien sont donc très différents. L'océan Indien est le théâtre d'une lutte géopolitique entre plusieurs puissances régionales, des conflits chroniques s'y développent, et de nombreux États sont menacés d'implosion. À long terme, cela représente une menace pour le commerce mondial. Ce vide stratégique est également un risque direct pour les territoires français de la zone, la puissance militaire ne présente ici qu'un des recours limités en cas de crise.

En Océanie le contexte est plus apaisé. Nettement moins peuplés et plus éloignés des grands axes du commerce mondial, les différents pays y ont développé une diplomatie régionale propre qui ne se conjugue pas forcément avec le nouveau schème géostratégique indo-pacifique. La Chine tente progressivement de contester l'hégémonie stratégique américaine dans la zone.

L'Indo-Pacifique est donc un lieu de projections et d'ambitions contradictoires marqué par l'absence d'idéologie collective. L'architecture multilatérale actuelle est une agrégation d'organisations qui se superposent sans lien entre elles. Les rivalités entre acteurs régionaux ne seront pas tempérées par un sentiment d'appartenance « indo-pacifique ». Dans les CFIP, une nouvelle architecture géopolitique est en construction.

Indo-Pacifique et Nouvelles routes de la soie, le nouvel équilibre des pouvoirs en Indo-Pacifique français

La relation entre la Chine et la Polynésie française est une composante importante des relations sino-françaises.

Zhai Jun, ambassadeur de Chine en France, Tahiti, 2016

L'adoption de la nouvelle nomenclature indo-pacifique a été décidée depuis Paris, sans consultation préalable des autorités locales et des populations ultramarines. L'objectif de cette nouvelle doctrine politique est notamment d'endiguer l'influence de la RPC dans la région. Or, depuis plusieurs décennies, la RPC a multiplié les leviers d'influence dans les CFIP, des territoires stratégiques pour Pékin. Mais le processus n'est pas unilatéral, les autorités locales sont demandeuses et envisagent souvent de manière positive les perspectives offertes par le développement chinois. En résulte bien souvent une dichotomie dans les discours indo-pacifiques français, entre un volontarisme métropolitain hors-sol et déconnecté du contexte local, et un scepticisme ultramarin vis-à-vis d'une construction régionale aux conséquences incertaines.

Les CFIP, de nouvelles perles au collier chinois ?

En pleine crise du Covid-19, la Chine a multiplié les aides aux pays en voie de développement pour faire face à la pandémie. Ainsi, en Océanie, la Chine a-t-elle fait don de 100 000 euros au Vanuatu, 200 000 euros pour le royaume des Tonga, 300 000 euros aux Fidji.

La même stratégie est utilisée dans les CFIP. Du matériel sanitaire et des masques ont été acheminés à La Réunion, et en Polynésie française *via* des vols cargo en provenance de Shanghai. À la réception du matériel, le discours empreint d'émotion du président de la Polynésie française de l'époque, Édouard Fritch, face aux représentants chinois, symbolise parfaitement la relation gagnant-gagnant que la RPC cherche à développer dans la région. Sous l'impulsion de Xi Jinping, la RPC est en effet désormais le pays avec le plus de représentations diplomatiques au monde, dont notamment un consulat sur l'île de La Réunion et en Polynésie française. Mais Pékin développe aussi une autre facette de son *soft power* à travers une diplomatie non gouvernementale, mais tout autant officielle. Cette stratégie, parfois qualifiée de Front uni, vise au développement tous azimuts des intérêts chinois et repose sur un réseau de groupes et d'individus clés influencés et contrôlés par le PCC (Joske, 2020). Sa portée à l'étranger recouvre un large spectre : partis politiques, sociétés multinationales, ONU, individus proches du régime de Pékin. Depuis 1978, les diasporas chinoises ont également été un lien indispensable pour le développement des courants financiers entre le Nord et le Sud de l'Asie, et entre l'Asie et le reste du monde. Ces communautés sont souvent utilisées par des proxys de Pékin comme relai de l'influence chinoise. Qu'en est-il dans les CFIP où deux communautés chinoises sont implantées : les Sinwa à La Réunion et les Tinito en Polynésie française ? Présentes depuis plus d'un siècle, les diasporas chinoises des CFIP ne sont pas monolithiques. Les ressortissants de ces communautés sont pleinement intégrés aux sociétés multiculturelles de leur île. Parler d'influence directe du PCC sur ces communautés est alors une gageure. La majorité de ces membres se sentent avant tout français, puis polynésiens et réunionnais sans pour autant renier leur appartenance culturelle chinoise. Il ne faut donc pas assimiler ces Chinois « historiques » aux nouveaux fonctionnaires de Pékin présents sur les territoires. Des liens avec Pékin existent en outre à travers les consulats, les instituts Confucius et certaines associations directement pilotées par le PCC (Brady, 2025), mais leur influence repose pour l'instant sur peu d'éléments tangibles.

Les CFIP, des territoires stratégiques

Les CFIP sont des territoires stratégiques. Leur positionnement géographique et les matières premières exploitables suscitent l'intérêt de la puissance chinoise.

La Polynésie française représente un atout géostratégique pour toute forme moderne de connectivité (aérienne, navigation, télécom). Avec le développement de la fibre optique, les câbles sous-marins deviennent plus intéressants que les satellites pour la transmission des données. 98 % des communications passent désormais par ces câbles. La position géographique de la Polynésie pourrait à terme représenter des perspectives de développement multiformes (Morel, 2022). Située à mi-chemin entre l'Amérique du Sud, l'Asie, l'Australie et les États-Unis, la Polynésie française a de fait l'ambition de devenir un hub numérique, une *via numerica* au cœur de l'océan Pacifique. Les collectivités sont d'ailleurs soutenues par l'État dans cet objectif. Ainsi, en 2019, le Président Emmanuel Macron déclare que « les territoires d'outre-mer français peuvent devenir de véritables hubs numériques, que nous soutenons et encourageons. À l'époque, c'est un projet avec le Chili qui retient toute l'attention des exécutifs polynésiens et français. En effet, il n'existe pour l'instant pas de liaison directe par câbles sous-marins entre l'Asie et l'Amérique du Sud, et le Chili affiche dès 2016 son intention de remédier à ce manquement. Si le Chinois HMN, notamment par la voix du consul chinois en Polynésie française, avait manifesté son intérêt, c'est finalement Google qui réalisera ce projet. La multinationale américaine a d'ailleurs annoncé que trois câbles transpacifiques desserviraient la Polynésie française à l'horizon 2027 :

– Le câble Bulikula (entre Hawaï, la Polynésie française, les Fidji et Guam),

– Le câble Honomoana (entre les États-Unis, l'Australie et la Polynésie française),

– Le câble Halaihai (entre Guam et le Chili en passant par Tahiti).

La Nouvelle-Calédonie est également convoitée par Google pour relayer Gondwana-2 au futur réseau de câbles sous-marins de l'entreprise dans le Pacifique Sud, notamment le câble Tabua qui reliera la Californie à l'Australie en passant par Fidji. À l'heure où l'économie du territoire est en plein déclin, et l'industrie du nickel en déficit chronique, le raccordement au réseau câblier mondial de Google pourrait représenter une perspective de développement post-nickel. Enfin, le positionnement géographique de Wallis-et-Futuna et sa proximité avec deux futurs câbles transpacifiques laissent entrevoir des opportunités similaires. Ainsi, les CFP sont au cœur des nouvelles voies numériques entre l'Asie et l'Amérique. L'État, conscient du caractère éminemment stratégique des câbles sous-marins et des questions de dépendances souveraines qui en découlent, encourage l'autonomisation de ces collectivités afin que les CFP deviennent plus autonomes et disposent d'une véritable résilience numérique.

Au-delà des câbles sous-marins, l'ensemble du Pacifique Sud constitue un territoire stratégique multidimensionnel pour le suivi des satellites. La Chine a mis en orbite son propre système de géolocalisation concurrent au GPS, le système Beidou 北斗. Pas moins de 30 satellites ont été placés en orbite pour la troisième version du programme. Ce système de géolocalisation est également indispensable pour le guidage des missiles balistiques. Or c'est depuis le triangle polynésien que le suivi et le guidage de ces satellites sont effectués par le bâtiment de 10 000 tonnes, le yuan Wang 6, équipé de radars de trajectographie. Le yuan Wang 6 passe régulièrement par Papeete (2011, 2015, 2024).

D'autres bâtiments militaires chinois sont en reconnaissance pour connaître avec précision les fonds et reliefs sous-marins, la température de l'eau, la bathymétrie ou la salinité. Pour éviter les différents sonars et bénéficier de l'effet-surprise, la sous-marinade chinoise requiert une connaissance parfaite de l'océan Pacifique, des îles Kouriles jusqu'à la Tasmanie.

Le Nickel de Nouvelle-Calédonie, « Or vert » ou « métal du diable » ?

Le nickel est un métal fréquemment associé au cobalt dans les dépôts miniers. Il entre dans la composition de très nombreux alliages métalliques pour la fabrication d'acier inoxydable et les batteries de véhicules électriques. Particularité géologique, la Nouvelle-Calédonie, avec plus de 7,1 millions de tonnes de nickel, se place en 5e position des réserves mondiales (7 %). Et, malgré un secteur en crise, la collectivité reste le 4e producteur mondial La production métallurgique représente 90 % des exportations du territoire et emploie 12 000 personnes, quasiment 20 % de la population active. Au-delà de son importance économique, le nickel a eu une incidence fondamentale sur l'évolution sociale et ethnique de la collectivité. Dès la fin du XIXe siècle, le *black birding* (travail forcé) est pratiqué pour fournir la main-d'œuvre, provenant d'abord des pays mélanésiens, puis de pays asiatiques comme l'Indonésie et le Vietnam. Avec le boom du nickel dans les années 1967-1972, 40 000 personnes s'installent ainsi sur un territoire qui en compte 150 000. Le peuple kanak devient alors minoritaire en Nouvelle-Calédonie. Le climat politique, souvent anxiogène, se superpose aux enjeux métallurgiques. Les indépendantistes et les autorités coutumières kanak envisagent le nickel comme le symbole de la spoliation foncière coloniale dont ils ont été victimes.

Extrêmement volatile, le cours du nickel se situe en moyenne entre 10 000 et 25 000 dollars la tonne, mais a atteint des sommets à 50 000 dollars et même 100 000 dollars en mars 2022. L'extraction du minerai est assurée par trois principaux opérateurs métallurgiques en Nouvelle-Calédonie :

– La Société Le Nickel (SLN), détenue à 56 % par l'entreprise française Eramet.

– La Société minière du Sud Pacifique (SMSP), propriété de la Sofinor, groupe public gérant les actions de la province Nord. Elle est le symbole de l'émancipation économique voulue par le peuple kanak et décidée par les accords de Matignon en 1988.

– L'Usine du Sud rachetée en 2021 par un consortium calédonien. L'entreprise américaine Tesla, dirigée par Elon Musk, a intégré le projet pour servir de conseiller technique et s'engage à lui acheter plusieurs milliers de tonnes.

Cependant, ce qui était autrefois le plus grand atout du territoire, l'« or vert », est en train de devenir rapidement un fardeau – le « métal du diable ». Entre 2008 et 2023, les trois principaux opérateurs ont accumulé 25 milliards d'euros de déficit, plus du double du PIB de la Nouvelle-Calédonie en 2023. Aujourd'hui, aucune des usines n'est rentable. En cause, des coûts de production élevés, une concurrence internationale accrue, notamment indonésienne, la baisse des cours mondiaux et une instabilité politique chronique. La fermeture indéfinie de l'usine de Koniambo (province Nord) en août 2024 pourrait bien marquer le début de la fin de cette industrie. Pourtant, l'appétit chinois pour les matières premières, notamment le nickel, marché mondial sur lequel les grands groupes chinois exercent une influence significative, font de la Nouvelle-Calédonie une zone d'intérêt pour Pékin. La RPC a ainsi longtemps constitué le principal marché d'export. Toutefois, en 2024, les exportations vers la Chine ont significativement reculé (-65,4 %). Aussi, le partenariat entre un opérateur calédonien (SMSP) et la société chinoise Yichuan Nickel Industry visant à créer une usine de pyrométallurgie pour traiter le nickel dans la ville de Yangzhou, n'a pas abouti et a été abandonné début 2023.

La Réunion, une île au cœur des enjeux de l'océan Indien

À l'instar de ses voisines insulaires, l'île de La Réunion est en phase de devenir un hub stratégique au cœur de l'océan Indien. L'île n'échappe pas à la rivalité montante entre l'Inde et la Chine. De nombreux liens existent entre la collectivité française et les deux pays.

La souveraineté française sur l'île consolide la bonne relation franco-indienne. Une partie de la population, les Malbars, sont des descendants de la migration indienne. Un consulat indien a été inauguré sur l'île en 1983. Les deux pays sont membres du Indian Ocean Naval Symposium, dont la France a assuré la présidence tournante entre 2021 et 2023. Les coopérations en matière de sécurité se multiplient dans le cadre d'exercices militaires bilatéraux (Shakti, Varuna, Garuda) ou dans le cadre d'exportations de matériels militaires (Rafale, sous-marins Scorpène). La marine indienne a par ailleurs déjà accès aux facilités portuaires françaises dans la région.

La Chine a donc un temps de retard vis-à-vis de son concurrent asiatique dans la collectivité française. Mais la diplomatie chinoise ne néglige pas pour autant l'archipel. En 2010, un consulat ouvre à Saint-Denis, la même année le numéro quatre du gouvernement chinois, Jia Qinglin, visite l'île en compagnie d'une délégation de 78 personnes et un institut Confucius est inauguré. En 2011, La Réunion se voit attribuer le statut de destination touristique autorisée, ce qui laisse entrevoir des perspectives touristiques considérables. Les touristes chinois sont désormais exemptés de visas pour 15 jours. La collectivité a signé une convention de coopération avec la ville portuaire de Tianjin. En 2017, la Région annonce son ambition de participer au projet des Nouvelles routes de la soie sur son site internet (ouverture sur le monde : pilier numéro 7). Cet objectif n'est toutefois plus mentionné sur le site de la collectivité. Les CFIP sont donc des territoires stratégiques qui suscitent l'intérêt de Pékin. Mais l'activisme géopolitique de la Chine ne doit pour autant pas être exagéré. La relation est gérée en Chine par le département des Affaires européennes du ministère des Affaires étrangères. Les collectivités françaises ne sont donc pas éligibles aux projets

« gagnant-gagnant » ou « Sud-Sud » que la diplomatie chinoise met en œuvre ailleurs. Les partenariats économiques, industriels et financiers demeurent pour l'instant modestes. Au niveau politique, Pékin ne conteste pas ouvertement la souveraineté française dans la région. En cela, elle préserve sa relation bilatérale avec la France, un partenaire européen important. Lors de la campagne référendaire en Nouvelle-Calédonie, le facteur Chine a souvent été mis en avant comme repoussoir à toute velléité indépendantiste. Mais ce sont souvent les autorités ou acteurs des CFIP qui cherchent à entretenir une relation politique spécifique avec la RPC, parfois en dehors du cadre de la relation sino-française.

La Chine convoitée

En matière de relations extérieures, les narratifs nationaux et locaux ne se conjuguent pas systématiquement. C'est notamment le cas dans le cadre des relations entre la Chine et les CFIP qui, depuis le début du XXIe siècle, font l'objet d'une relation politique spécifique, parfois en dehors du cadre de la relation sino-française. Les CFIP, conscientes de leur dépendance économique à la métropole, souvent isolées de leur propre environnement régional, voient ainsi en la Chine des perspectives de croissance économique que nul autre acteur ne peut offrir. L'île de La Réunion, par exemple, entretient une relation privilégiée avec la Chine. Au regard des relations économiques qu'entretient la RPC avec les pays insulaires voisins, cette recherche de partenariat de la collectivité est logique.

Principal partenaire économique des pays insulaires de l'océan Indien

Pays	1er partenaire économique
Madagascar	Chine
Maurice	Chine
Seychelles	EAU, Chine en 7e position
Comores	France, Chine en 4e position
Maldives	Chine
Sri Lanka	Inde, Chine en 2e position

La rhétorique est donc différente des discours prononcés à Paris. L'autonomie de la collectivité réunionnaise par son statut est néanmoins plus limitée que celle des collectivités autonomes du Pacifique. C'est ainsi en Polynésie française et en Nouvelle-Calédonie, deux collectivités aux statuts d'autonomie les plus développés, que l'on remarque de manière explicite l'intérêt des dirigeants locaux pour le développement économique chinois.

La relation sino-polynésienne

Les relations officielles entre la Chine et la Polynésie française ont débuté au lendemain de la Seconde Guerre mondiale et se sont intensifiées depuis les années 2000. Elles se sont longtemps cristallisées autour d'un litige relatif à un terrain consulaire de 4 000 m^2 sur le front de mer de Papeete. Cette affaire est une transposition locale de la guerre diplomatique que se livrent encore aujourd'hui les gouvernements de Taipei et de Pékin pour obtenir une reconnaissance exclusive auprès des États insulaires du Pacifique. À l'issue de la Seconde Guerre mondiale, un consulat de la République de Chine ouvre en Polynésie française. Après la reconnaissance de la RPC par le général de

Gaulle en 1964, le consulat taiwanais ferme ses portes en septembre 1965. À partir des années 1970, la RPC va revendiquer la propriété de l'ancien consulat. En 2010, Yang Jieshi en fera même la demande solennelle à Bernard Kouchner lors d'une conférence de presse. Le litige, porté devant les tribunaux français en 1977, va déclencher une longue procédure judiciaire : 8 actions devant différents tribunaux, dont 3 pourvois en cassation (Trémon, 2009). Finalement, en 2014, la Cour de cassation va statuer définitivement en déboutant la RPC de toute revendication foncière sur ledit terrain, et en rejetant tout nouveau pourvoi éventuel. Si la bataille juridique auprès des tribunaux français a été perdue par les autorités de Pékin, un consulat de la RPC, le premier en outre-mer français, sera tout de même inauguré en 2007. Il semble que, dans cette affaire, les positions de la justice française et de la collectivité polynésienne divergent. En réaction à la décision de la Cour de cassation, la présidence de la Polynésie française déclarait : « Le président de la Polynésie française, Édouard Fritch, réitère chaleureusement auprès du gouvernement chinois sa volonté de mettre en œuvre une solution alternative pérenne qui permettra rapidement de voir s'ériger dans le pays le bâtiment des instances officielles du consulat de Chine en Polynésie française. » Le double langage franco-français dans cette affaire illustre la dichotomie entre décisions nationales et réalités géopolitiques locales. En effet, depuis plusieurs décennies, la Chine et la Polynésie française entretiennent une relation politique spécifique, parfois en dehors du cadre de la relation sino-française. Les gouvernements polynésiens successifs ont toujours essayé de bâtir une relation de confiance avec les autorités chinoises. Les gestes ostensibles d'amitié bilatérale des divers gouvernements ont été nombreux : visites officielles en Chine (Gaston Flosse en 2002 et 2013, Oscar Temaru en 2009, Édouard Fritch en 2015), ouverture d'un bureau de représentation à Pékin (2001-2003), partenariats universitaires, inauguration d'un institut Confucius dans les locaux de l'université de la Polynésie française, jumelage de communes (Papeete-Changning, îles Raromatai-Beihai, Faa'a-Jiangyin). En 2011, Xi Jinping, alors vice-président, avait même fait une courte escale à Tahiti.

L'exécutif polynésien entretient toujours d'excellentes relations avec la Chine. En 2019, l'ex-Président Fritch lors d'un colloque à l'université de la Polynésie française vanta même les relations « d'amitié » et « d'intérêts communs entre la Polynésie et la Chine ». Il ajouta : « C'est donc par l'intérêt commun manifesté par des investisseurs privés chinois et par tous les gouvernements polynésiens de tout bord que la Chine a choisi de placer la Polynésie française sur la Route de la soie (…) Je ne différencie pas un investisseur américain d'un investisseur chinois. S'ils sont honnêtes, ils sont tous dignes de confiance, quelle que soit leur nationalité ». Malgré l'enthousiasme du président de la collectivité, les projets économiques chinois en Polynésie sont pour l'instant restés modestes. La Chine et Hong Kong sont certes le principal marché à l'export de la collectivité, mais les perspectives de développement sont restées en deçà des espérances. Un temps vanté comme une future manne financière, le secteur du tourisme n'a pas eu le rendement escompté et ne constitue que 13 % du PIB marchand en Polynésie française et le nombre de touristes chinois ne progresse pas. En 2015, lors d'une visite du Président Fritch en Chine, un accord est signé entre le gouvernement de la Polynésie et la compagnie Hainan Airlines pour le développement d'une ligne directe entre la Chine et Tahiti. Des charters occasionnels sont organisés, mais la ligne régulière n'a pas encore vu le jour. Autre échec, en décembre 2015, un protocole d'accord avait été signé entre le pays et un consortium chinois pour la réalisation du Tahiti Mahana Beach Resort and Spa. Ce vaste complexe hôtelier de plus de 3 000 chambres était chiffré initialement à 270 milliards de francs Pacifique (XPF soit 2,3 milliards d'euros), mais n'a finalement jamais vu le jour, le consortium chinois étant incapable de réunir les fonds nécessaires. Le pays avait pourtant déjà investi 950 millions XPF pour la démolition de l'ancien complexe qui se situait sur le terrain du futur Mahana Beach. En 2016, le groupe Hainan acquiert deux hôtels en Polynésie, le Hilton de Moorea et le St. Regis de Bora Bora, ainsi que 95 % du capital de la société Bora Bora Eden Cruise. C'est pour l'instant le seul exemple d'accord économique important réalisé par une entreprise chinoise en Polynésie. En 2019, un projet d'une ferme aquacole, porté par un investisseur chinois qui suscite de nombreuses interrogations. Ce projet surprend par sa démesure : 350 millions d'euros d'investissement prévus (capitaux exclusivement chinois), 28 000 m^2 d'usine, 50 000 tonnes de production par an et la promesse de création de 500 emplois. Mais les risques pour l'environnement sont déjà bien identifiés : eutrophisation du lagon, résidus de plutonium et autres métaux lourds dans les poissons de cet atoll qui a servi de base arrière aux essais nucléaires français dans la région pendant trente ans. Un rapport de l'antenne tahitienne de l'Institut de recherche pour le développement a rendu un avis très réservé quant à la viabilité économique et l'innocuité environnementale de ce projet, certains chiffres interpellent. Ainsi il faudrait 10 kilos de protéine à un mérou pour obtenir un kilo de chair, ce qui correspond selon le plan de l'entreprise chinoise à 500 000 tonnes de nourrissage par an. Le rapport rappelle que la production annuelle en Polynésie française est à ce jour de 800 tonnes seulement, soit 0.16 % des besoins. L'atoll d'Hao possède également un intérêt stratégique en tant qu'ancienne base des forces françaises avec une piste d'aviation de plus de 3 km protégée par une digue, une route de 15 km, un port en eau profonde, trois marinas, des logements.

Ce projet n'a jamais fait l'unanimité. Ainsi, l'actuel Président polynésien, Moetai Brotherson, avait publiquement exprimé ses inquiétudes en suspectant l'investisseur chinois de vouloir faire de Hao un port de ravitaillement pour les bateaux de pêche. Emmanuel Macron, en visite en Polynésie française du 24 au 28 juillet 2021 avait lui aussi fait part de son scepticisme concernant ce projet : « Je vois parfois des projets, oserais-je dire exotiques, aventureux, aux financements incertains, aux créations d'emplois improbables, avec d'étranges investisseurs ? Méfiez-vous ! Ce n'est pas une bonne idée. » Quelques minutes plus tard, devant les médias locaux, le président français fut plus catégorique. Interrogé spécifiquement sur le projet de ferme aquacole de Hao, il déclara : « Je pense que c'est ubuesque (…) on ne peut pas dire, on est français le lundi et chinois le mardi. En l'espèce, ce projet n'a pas de création d'emplois documentée, des investisseurs douteux et a fait l'objet de beaucoup de réserves, notamment sur la nature des financements. » Le projet de ferme aquacole ne s'est pour l'instant pas concrétisé. Si la prudence vis-à-vis de la Chine semble faire consensus en Polynésie, les enjeux sont tout autres en Nouvelle-Calédonie.

En Nouvelle-Calédonie, la Chine futur partenaire des indépendantistes ?

« Nous n'avons pas peur de la Chine. C'est la France, pas elle, qui nous a colonisés. Elle ne nous gêne pas outre mesure ! », déclare Roch Wamytan, leader indépendantiste kanak, dans *Le Monde* du 2 octobre 2020.

Le nickel, principale ressource de l'archipel calédonien, est envisagé par les indépendantistes kanak à la fois comme le symbole du pillage colonial et comme ressource vitale pour accéder à l'indépendance. La récente mobilisation du camp indépendantiste pour influer sur le rachat de l'Usine du Sud apparaît surtout comme une stratégie politique pour galvaniser une opinion publique kanak très concernée par la question du foncier comme source d'identité matérialisée par le lien à la terre.

La RPC a longtemps été le premier partenaire économique de la Nouvelle-Calédonie. En 2019, le commerce sino-calédonien représentait 25 % du commerce extérieur de la collectivité, contre 14,5 % pour la France métropolitaine. La Chine pesait pour 56 % des exportations de la Nouvelle-Calédonie. C'est donc logiquement que la SMSP (détenue à 85 % par la province Nord, interface économique de la cause indépendantiste) a entrepris un partenariat avec une entreprise chinoise (Yichuan nickel industry) visant à créer une usine de pyrométallurgie en Chine et premier élément tangible de l'intérêt de la Chine pour le nickel calédonien. Pourtant, à la suite des émeutes de 2024, les exportations vers la Chine ont reculé de manière significative (- 65,4 %), et le partenariat entre la SMSP et Yichuan a été abandonné.

Au-delà de la relation économique, d'aucuns craignent de voir la Chine étendre son influence politique sur la collectivité, particulièrement en cas de retrait français. Même Emmanuel Macron alertait les Calédoniens lors d'un voyage sur l'archipel en 2023 : « Si l'indépendance, c'est de choisir demain d'avoir une base chinoise ici ou d'être dépendant d'autres flottes, bon courage. »

Certes, Pékin, a une longue tradition de soutien des partis politiques qui s'opposent à l'influence occidentale, pour autant, le soutien aux indépendantistes kanak n'est pas annoncé publiquement. La RPC est néanmoins membre du Comité spécial des 24, organisme en charge de la promotion de la décolonisation aux Nations unies, qui a inscrit la Nouvelle-Calédonie et la Polynésie française sur la liste des pays considérés comme non autonomes, au grand dam de la diplomatie française. La Chine a par ailleurs déjà pénétré les réseaux multinationaux océaniens exclusifs des Occidentaux. À travers le Groupe fer-de-lance mélanésien, en finançant le bâtiment du Secrétariat général de l'organisation au Vanuatu en 2007. L'objectif initial de cette organisation est de faire du lobbying pour que la Nouvelle-Calédonie accède à l'indépendance. Le FLNKS est d'ailleurs l'un des membres du groupe. La Chine a également participé au financement du Pacific Islands Development Forum, institution créée à l'initiative des Fidji pour exclure les partenaires occidentaux considérés comme trop influents dans d'autres organisations. En 2017, le Secrétaire du PIDF était d'ailleurs convié à Pékin pour participer au forum One Belt One road (Nouvelles routes de la soie).

En Nouvelle-Calédonie, l'influence politique de la Chine repose à l'heure actuelle sur peu d'éléments tangibles. Des liens entre le mouvement indépendantiste et la RPC existent, notamment à travers l'APCAE (l'Association du peuple chinois pour l'amitié avec l'étranger), organe d'influence international proche du pouvoir chinois, et son émanation locale, l'association sino-calédonienne. Pour autant, ces liens sont restés modestes.

Les CFIP et la RPC entretiennent donc des relations politiques, diplomatiques, économiques et culturelles depuis plusieurs décennies. Pékin projette des ambitions régionales dans l'environnement direct des CFIP et les investissements chinois sont souvent accueillis avec bienveillance par les autorités locales. Jusqu'à présent, la Chine ne conteste pas la présence régionale française, ménageant ainsi l'un de ses principaux partenaires européens. Mais l'adoption par la France d'une nomenclature indo-pacifique, perçue à Pékin comme une manœuvre américaine dirigée contre la Chine, et la multiplication de partenariats militaires de la France dans la région avec des pays qui entretiennent des relations conflictuelles avec la Chine (Inde, Japon, États-Unis) pourraient à terme froisser la relation sino-française et amener les autorités chinoises à critiquer la souveraineté française en Océanie. La comparaison avec les pays voisins est indispensable pour comprendre et évaluer l'influence potentielle que pourrait avoir la Chine dans les CFIP. Localement, l'influence chinoise croissante n'est pas perçue exclusivement comme une menace, mais parfois comme un facteur de développement. En résulte parfois un langage pluriel entre le discours d'endiguement indo-pacifique au niveau national, et les stratégies de charme diplomatique menées localement pour attirer les investisseurs chinois.

Antagonismes franco-français

Les autorités politiques des CFIP, conscientes du déclin relatif de la puissance française et du basculement géopolitique international vers l'Asie, n'envisagent pas forcément le développement de l'influence chinoise de la même manière qu'en métropole. Les investissements chinois en France sont souvent perçus comme une menace et non comme une opportunité ou un facteur de développement. Dans les CFIP, ceux-ci sont souvent envisagés comme une possibilité d'atténuer la dépendance à l'égard des transferts financiers de l'État. Le développement de la RPC dans la région a longtemps été occulté à Paris, l'outre-mer étant régulièrement négligé dans les différentes politiques publiques des gouvernements français. Une rupture s'est pourtant opérée en 2018 avec l'élaboration d'une nouvelle doctrine indo-pacifique. La stratégie française accorde une place prépondérante aux territoires ultramarins de la zone (Mayotte, La Réunion, Nouvelle-Calédonie, Wallis-et-Futuna, et la Polynésie française). Pourtant, cette nouvelle ambition, adoptée unilatéralement depuis Paris, ne fait pas l'unanimité dans les collectivités concernées. Au nom d'une volonté de grandeur immatérielle et d'une géopolitique empreinte de symbolisme, elle enferme les populations des CFIP dans une vision bilatérale du futur duopole sino-occidental. Pour certains, ce nouvel idéal national est envisagé comme une politique du fait accompli, assimilationniste, marquant le retour d'une rhétorique néocoloniale qui se pare de bonnes intentions. Cette ambition géopolitique de l'État n'est pas perçue comme le produit de l'évolution sociétale locale, les collectivités françaises ne sont pas considérées dans leurs spécificités, mais pour leur intérêt géostratégique. Les bouleversements social, politique et économique induits sur le territoire par cette manifestation de puissance sont assortis d'un caractère intouchable. Un nouveau rapport de force entre les CFIP et l'État s'instaure. Si la relation entre l'État et les collectivités d'outre-mer se veut apaisée, certains sujets sont parfois épineux.

La question des ressources minérales

La Polynésie française, par exemple, dispose d'une autonomie administrative, mais l'État reste responsable des fonctions régaliennes, notamment en matière de sécurité et de souveraineté en mer dans sa ZEE. Se pose donc la question de savoir qui est compétent en matière d'exploration et d'extraction des ressources minérales dans les fonds marins de la ZEE française, l'État ou les collectivités ?

Il y a là un terrain potentiel de confrontations. L'État justifie sa position par la préservation de l'environnement et de la biodiversité, inscrite depuis juillet 2018 dans l'article I de la Constitution. Les indépendantistes y voient une tentative d'accaparement des ressources polynésiennes. La question d'exploitation de ressources sous-marines pose la problématique du potentiel énergétique encore non exploité dans les fonds marins. L'exploitation de ces ressources offrirait à la France de multiples atouts politiques, stratégiques et économiques.

En 2015, à quelques jours du 4e sommet France-Océanie, une intervention de Sabine Lavorel, maître de conférences en droit public à l'université de Grenoble, fait polémique. Elle déclare dans la presse que l'exploitation des terres rares en Polynésie française est une compétence qui relève exclusivement de l'État. Localement, cette déclaration suscite bien des critiques. Oscar Temaru, leader indépendantiste, souhaite même porter le sujet devant les Nations unies. Soucieuse de détendre l'atmosphère quelques jours avant un exercice de *soft power* régional, la France reconnaît alors *via* son ministre de l'Outre-mer George Pau-Langevin que les terres rares ne rentrent pas dans le champ des métaux stratégiques et que la Polynésie est compétente pour réglementer les activités de prospection et les droits d'exploitation. Fin de la polémique ? Pas vraiment. Le parti indépendantiste, dans un communiqué intitulé « la ministre nous prend pour des nodules », rappelle que la liste des matières stratégiques peut être changée par simple décret. Effectivement, si les fonds marins sont exploités dans le futur, l'État sera forcément impliqué. Il l'est déjà à travers les implantations locales du CNRS, de l'IFREMER, du Centre océanographique du Pacifique et la création de vastes zones d'aires marines protégées. Les formidables perspectives économiques envisagées par la future exploitation de ces ressources sont donc sources de tensions, et vont au-delà des problématiques franco-françaises.

Les limites de la politique assimilationniste française

Au-delà des éventuels conflits internes relatifs aux transferts de compétences, c'est bien la nature même du régime républicain et de certaines valeurs universelles françaises qui est contestée dans les CFIP.

La transposition locale de principes républicains est même la source, selon certains, des revendications indépendantistes kanak en Nouvelle-Calédonie. Ainsi Jean-Marie Tjibaou déclarait en 1984 : « la revendication fondamentale, liée à la revendication d'indépendance, c'est la peur de tomber dans l'universel ou de perdre ce qui fait que nous sommes les habitants de quelque part sur la planète Terre. » Après plus de trente ans de transition politique, les autorités françaises s'étaient persuadées de la réalité d'un destin commun, défini dans l'accord de Nouméa comme « une communauté de destin ». Les récentes échéances électorales et les émeutes de 2024 ont démontré que ces objectifs n'ont pas été atteints. Une analyse réaliste et pragmatique s'impose : le vote en Nouvelle-Calédonie est un vote ethnique et communautaire. La population kanak vote quasiment exclusivement pour l'indépendance, les autres communautés votent en majorité pour le maintien au sein de la République française. Il existe donc sur le « caillou » deux « volontés de vivre ensemble ».

En Polynésie française, la situation est plus apaisée. Pourtant le problème de fond reste le même. La Polynésie française possède un droit à l'indépendance reconnu par l'ONU, et une partie de la population y aspire. En témoigne la victoire du parti indépendantiste aux dernières élections territoriales en 2023. L'évolution statutaire sera toujours une composante essentielle du débat entre les autonomistes, les indépendantistes et l'État. Certains éléments de langage ne laissent que peu de place au doute. Certains s'indignent que les principes constitutionnels ne soient pas respectés dans tous les territoires de la République française, faisant fi des spécificités locales ainsi que des réalités historiques. La véritable question à se poser est de savoir quels sont les liens qui rattachent les CFIP à la République française. Les sociétés ultramarines en Indo-Pacifique sont-elles pleinement assimilables à la société française métropolitaine ? Les évolutions sociétales, les représentations sociales sont-elles identiques ? Le système républicain français, enfant de la philosophie des Lumières, de révolutions et de campagnes militaires est-il transposable à ces collectivités qui ne partagent pas le même patrimoine historique et culturel ? Il semblerait qu'en Indo-Pacifique français, l'uniformité ne soit pas la règle, et que chaque situation doive être traitée singulièrement, par des politiques *ad hoc*.

Pour l'instant les gouvernements français successifs se sont cantonnés à des transferts financiers pour garantir la paix sociale. Mais ces questions devront irrémédiablement être posées. Si chaque situation est spécifique et les problématiques locales différentes, l'évolution calédonienne est évidemment déterminante et sera partout observée.

L'Indo-Pacifique : une stratégie imposée ?

À travers le lexique indo-pacifique, les CFIP ne sont pas considérées dans leurs spécificités, mais surtout pour leur intérêt géostratégique. Or, ce seul prisme ne suffit pas à fonder une politique nationale, surtout quand des dizaines de milliers de kilomètres séparent la métropole des territoires concernés. Conçue et promue par des acteurs extérieurs, il est parfois reproché à la nomenclature indo-pacifique de négliger les particularités et les intérêts des îles du Pacifique, et de concevoir la région principalement à travers le prisme de la compétition géostratégique entre grandes puissances. Ainsi, l'ancienne Secrétaire générale du FIP, Meg Taylor, déclarait en 2022 que « les initiatives occidentales, telles que l'AUKUS, la stratégie Indo-Pacifique, relèvent du fait accompli pour le Pacifique sans consultation préalable ». À cet égard, les collectivités françaises du Pacifique n'échappent pas à ce hiatus. Moetai Brotherson, actuel Président de la Polynésie française, et principal leader du mouvement indépendantiste tahitien, a souvent été critique du concept Indo-Pacifique, notamment lors d'une interview sur la chaîne TNTV en 2023 : « Ça me rappelle malheureusement l'époque des essais nucléaires (...) nous on ne veut pas être juste des pions sur le jeu d'échecs d'autres personnes. On veut être partie prenante de la réflexion et de la mise en place de cette stratégie Indo-Pacifique tant qu'on est dans l'ensemble français et on veut aussi avoir de bonnes relations avec l'ensemble des partenaires qui sont dans cette région ». Même rhétorique chez les indépendantistes kanaks. Daniel Goa, président de l'Union calédonienne, l'un des principaux partis indépendantistes déclarait peu de temps après la tenue du troisième referendum d'autodétermination en Nouvelle-Calédonie : « Nous ne voulons plus être des faire-valoir de la "France Pacifique" avec le nébuleux axe Indo-Pacifique. »

Cette opinion est également partagée par certains commentateurs dans les autres collectivités. Ainsi à La Réunion, l'éditorialiste Manuel Marchal de *Témoignage*, journal proche du Parti communiste réunionnais, s'indignait dans l'édition du 24 octobre 2019 que « La Réunion, elle est toujours considérée comme un pion au service des intérêts français (...) au sujet de cette stratégie [de l'Indo-Pacifique], les Réunionnais n'ont jamais été consultés. »

Les déclinaisons de la stratégie indo-pacifique française en outre-mer restent abstraites. Le concept est encore méconnu des opinions publiques et ses applications dans les CFIP sont largement interprétées comme trop anti-Chinoise, ou encore comme un néocolonialisme qui ne dit pas son nom. À l'instar de l'outre-mer, l'Indo-Pacifique est une abstraction sémantique, une projection des idéaux métropolitains sur des territoires éloignés. Mais l'océan Indien et l'Océanie sont deux régions géopolitiques distinctes, les enjeux régionaux et sous-régionaux y sont fragmentés, différents et souvent sans corrélation. L'Océanie, laboratoire des relations sino-occidentales au XXIe siècle, dispose d'une architecture régionale plurielle et protéiforme, ce qui n'empêche par certaines fractures sous-régionales et interinsulaires. L'océan Indien, carrefour économique majeur, voit s'enchevêtrer divers contextes géopolitiques, influences de puissances régionales et arcs de crise. La tentative d'assimilation des différentes CFIP en une seule et même macro-région s'apparente parfois à une certaine méconnaissance des spécificités locales, voire à de la maladresse politique, car la stratégie indo-pacifique française ne se conjugue pas intégralement aux intérêts spécifiques des CFIP, et apparaît avant tout comme une volonté de projection de puissance métropolitaine. La promotion de la nomenclature indo-pacifique dès lors peut devenir à terme source de tension entre l'État et les CFIP.

Conclusion

En ce début de XXIe siècle, la rivalité sino-américaine structure et polarise les stratégies géopolitiques internationales. Plus qu'un ensemble géographique homogène, l'Indo-Pacifique est une stratégie adoptée par plusieurs États, notamment les États-Unis, qui vise d'abord à contenir le développement de la RPC. Nouveau cadre géopolitique de référence, l'Indo-Pacifique redéfinit les nouveaux rapports de force entre les différents acteurs des relations internationales.

Depuis mai 2018, le Président Emmanuel Macron et les différentes autorités françaises concernées font systématiquement référence à ce concept lorsqu'ils s'expriment sur des questions relatives aux géopolitiques de l'Asie, de l'océan Indien et du Pacifique océanien. La France dispose en effet d'atouts singuliers dans la région : 93 % des 11 millions de km^2 de la ZEE française se situent dans cette région. Près de 1,7 million de citoyens français résident dans les CFIP. Près de 200 000 expatriés français habitent les pays de la région. 8 000 filiales d'entreprises y sont implantées et 7 000 militaires y stationnent en permanence. Parmi les 70 pays riverains de l'Indo-Pacifique, 16 pays ont une frontière maritime avec la France qui est par ailleurs le dernier pays membre de l'UE à exercer sa souveraineté dans cette région. Les CFIP sont une composante importante de cette nouvelle ambition géopolitique, visant pour la diplomatie française à apparaître comme une puissance globale, légitime et crédible. La promotion répétée de cette nouvelle stratégie politique démontre que le concept s'inscrit dans le temps long et nécessite que les chercheurs et universitaires s'y intéressent.

Pour autant les ambitions nationales et les contextes géopolitiques locaux ne se conjuguent pas systématiquement, car l'équilibre des puissances dans les CFIP ne s'articule pas toujours avec la stratégie édictée par l'État. L'assimilation des CFIP à une seule et même macro-région ne correspond pas à la diversité des contextes et des enjeux géopolitiques de chaque territoire.

À l'heure où nous écrivons ces lignes, l'ambition régionale et les efforts diplomatiques de la France en Indo-Pacifique sont de plus en plus compromis par la crise politique en cours en Nouvelle-Calédonie. À la suite des émeutes de mai 2024, plusieurs dirigeants des îles du Pacifique, et au-delà, ont exprimé leur soutien aux revendications indépendantistes kanak et critiqué la gestion par la France du processus de décolonisation française. Malgré des décennies de proactivité diplomatique, la présence française dans la zone reste sujette à crispation et les troubles persistants ont même endommagé la crédibilité de Paris comme partenaire régional stable et fiable. Le narratif de l'Indo-Pacifique français se heurte donc aux réalités locales qui ébranlent l'ensemble de la stratégie nationale. *In fine*, et de manière assez paradoxale, l'exercice de la souveraineté dans les CFIP constitue pour la France à la fois son principal atout et son talon d'Achille en Indo-Pacifique.

Les problématiques liées à l'Indo-Pacifique sont donc toujours différenciées et imbriquées à toutes les échelles d'analyse : internationale, nationale et locale. Autant de représentations d'un même espace que nous avons tenté d'expliciter dans cet ouvrage et qu'il convient de continuer à étudier.

Paco Milhiet
août 2025, Singapour

Liste des abréviations

AAE : Armée de l'air et de l'espace
APCAE : Association du peuple chinois pour l'amitié avec l'étranger
APEC : Coopération économique pour l'Asie-Pacifique
APL : Armée populaire de libération
ARF : ASEAN Regional Forum
ASEAN : Association des nations d'Asie du Sud-Est
BITD : Base industrielle et technologique de défense
BRI : Belt & Road Initiative
BRICS : Brésil, Russie, Inde, Chine, Afrique du Sud
BSAOM : Bâtiment de soutien et d'assistance outre-mer
CFIP : Collectivités françaises de l'Indo-Pacifique
CNUDM : Convention des Nations unies sur le droit de la mer
COI : Commission de l'océan Indien
COM : Collectivité d'outre-mer
CPEC : China-Pakistan Economic Corridor
CPS : Communauté du Pacifique
DOM : Département d'outre-mer
EAU : Émirats arabes unis
FANC : Forces armées de la Nouvelle-Calédonie
FAPF : Forces armées en Polynésie française
FAZSOI : Forces armées de la zone sud de l'océan Indien
FDIP : Forum de développement des îles du Pacifique
FFDj : Forces françaises stationnées à Djibouti
FFEAU : Forces françaises aux Émirats arabes unis
FIP : Forum des îles du Pacifique
FLNKS : Front de libération nationale kanak et socialiste

FONOPS : Freedom of Navigation Operations
GAN : groupe aéronaval
GFLM : Groupe Fer-de-lance mélanésien
IDH : Indice de développement humain
IFC : Information Fusion Centre
INDOPACOM : Indo-Pacific Command
IONS : Indian Ocean Naval Symposium
IORA : Indian Ocean Rim Association
LPM : Loi de programmation militaire
NC : Nouvelle-Calédonie
OBOR : One Belt, One Road
OIF : Organisation internationale de la Francophonie
ONU : Organisation des Nations unies
PALM : Pacific Islands Leaders Meeting
PCC : Parti communiste chinois
PF : Polynésie française
PIB : Produit intérieur brut
PLG : Polynesian Leaders Group
PNG : Papouasie-Nouvelle-Guinée
PROE : Programme régional océanien pour l'environnement
PTOM : Pays et territoires d'outre-mer
QDCG : Quadrilateral Defence Coordination Group
QUAD : Quadrilateral Security Dialogue
RCEP : Regional Comprehensive Economic Partnership
ROC : République de Chine, gouvernement de l'île de Taiwan
RPC : République populaire de Chine
RUP : Régions ultrapériphériques
SLD : Shangri-La Dialogue
SLN : Société Le Nickel
SMA : Service militaire adapté
SMSP : Société minière du Sud Pacifique
SNA : Sous-marin nucléaire d'attaque

SNLE : Sous-marins à propulsion nucléaire, lanceur d'engins
TAAF : Terres australes et antarctiques françaises
TOM : Territoire d'outre-mer
TPP : Trans-Pacific Partnership
UE : Union européenne
VIE : Volontaire international en entreprise
ZEE : Zone économique exclusive

Bibliographie

AL WARDI Sémir (dir.), REGNAULT Jean-Marc (dir.), SABOURET Jean-François (dir.), *L'Océanie convoitée*, Paris, CNRS édition, 2017.

Al WARDI Sémir, « L'axe Indo-Pacifique, un impératif au-dessus des océaniens ? » *in* Semir AL WARDI, Jean- REGNAULT Marc, *L'Indo-Pacifique et les Nouvelles routes de la soie*, Société française d'histoire des Outre-Mers, 2021, pp 208-220.

AL WARDI Sémir, *La dualité État-territoire en Polynésie française, 1984-1996*, Thèse de doctorat, sous la direction de Jacques Bourdon, Université Aix-Marseille, 1997.

AL WARDI Sémir, *Tahiti et la France : le partage du pouvoir*, Paris, l'Harmattan, 1998.

ALLISSON Graham Tillett, *Vers la guerre : l'Amérique et la Chine dans le piège de Thucydide*, Paris, Odile Jacob, 2019.

ANTHEAUME Benoît, BONNEMAISON Joël, *Atlas des îles et États du Pacifique Sud*, Montpellier, Publisud, 1988.

ARGOUNES Fabrice, *Géopolitique de l'Australie*, Bruxelles, Édition Complexe, 2006.

ARGOUNES Fabrice, *L'Australie, entre puissance moyenne et puissance régionale*, Thèse de doctorat, sous la direction de Dario Battistella et Stéphane Roussel, Université Bordeaux IV, 2011.

ARGOUNES Fabrice, MOHAMED-GAILLARD Sarah, *Atlas de l'Océanie. Continents d'îles, laboratoire du futur*, Paris, Autrement, 2011.

AUTISSIER Isabelle, ORSENNA Erik, *Passer par le Nord : la nouvelle route maritime*, Paris, Gallimard, 2016.

BADIE Bertrand, *La fin des territoires : essai sur le désordre international et sur l'utilité sociale de respect*, Paris, Fayard, 1995.

BATTISTELLA Dario, *Théories des relations internationales*, Paris, SciencesPo, Les Presses, 2009.

BERGÈRE Marie-Claire, *Chine : Le Nouveau Capitalisme d'État*, Paris, Fayard, 2013.

BESSARD Rudy, *Pouvoir personnel et ressources politiques, Gaston Flosse en Polynésie*, Thèse de doctorat, sous la direction de Daniel Bourmaud, Université de Pau et des pays de l'Adour, 2013.

BIANCO Lucien, *La récidive : révolution russe, révolution chinoise*, Paris, Gallimard, 2014.

BIDAULT Suzanne, *Souvenirs*, Rennes, Ouest-France, 1987.

BILLETER Jean-François, *Chine trois fois muette*, Paris, Édition Allia, 2019.

BILLIOUD Sébastien, THORAVAL Joël, *Le sage et le peuple, le renouveau confucéen en Chine*, Paris, CNRS Edition, 2014.

BOISSEAU du ROCHER Sophie, LECHERVY Christian, *L'Asie-Pacifique, Nouveau centre du monde*, Odile Jacob, 2025.

BOISSEAU du ROCHER Sophie, DUBOIS de PRISQUE Emmanuel, *La Chine e(s)t le monde : essai sur la sino-mondialisation*, Paris, Odile Jacob, 2019.

BRADY Anne-Marie, *Quand la Chine frappe à la porte de la Nouvelle-Calédonie*, IRSEM, étude n° 122, 2025.

BRAUTIGAM Deborah, *The dragon's gift: the real story of China in Africa*, New York, Oxford University Press, 2009.

BRIZET Bernard, *La France en Chine. Du XVIIe siècle à nos jours*, Paris, Édition Perrin, 2013.

BROTHERSON Moetai, *On est un seul peuple et après les élections on sera toujours un seul peuple*, TNTV news, 2023.

BRZEZINSKI Zbigniew, *Le grand échiquier*, Paris, Hachette, 2011.

CABESTAN Jean-Pierre, *Demain la Chine : démocratie ou dictature ?*, Paris, Gallimard, 2018.

CAMINADE Pierre, *Comores-Mayotte : une histoire néocoloniale*, Paris, Agone, 2003.

CASTEX Raoul, *Théories stratégiques*, Mesnil, Société d'éditions géographiques, maritimes et coloniales, 1935.

CHALIAND Gérard, POIRIER Lucien, GALLOIS Pierre-Marie, *Anthologie mondiale de la stratégie : des origines au nucléaire*, Paris, Robert Laffont, 2009.

CHARVIN Dominique, *Histoires insolites des îles désertes françaises*, Bruxelles, Édition Jourdan, 2017.

CHENG Anne, « De la "Chine-monde" à la Chine du nouvel ordre mondial », *Revue Défense Nationale* n° 811, 2018, pp 70 -78.

CLINCHAMP Nicolas S, « Les collectivités d'outre-mer et la Nouvelle-Calédonie : le fédéralisme en question », *Pouvoir* n° 113, 2005, pp 73-88.

COLIN Sébastien, *Délimitations et ouverture des frontières chinoises : l'exemple des frontières sino-coréennes et sino-russe*, Thèse de doctorat, sous la direction de Jean-Luc Racine, Université Paris VIII, 2005.

COLIN Sébastien, *La Chine et ses frontières*, Paris, Armand Colin, 2011.

COLIN Sébastien, « Les mers lointaines, nouvelles frontières de la puissance halieutique chinoise? », *Hérodote*, vol. 163, 2016, pp. 87-100.

CONFIANT Raphaël, « La créolité contre l'enfermement identitaire », *Multitudes* n° 22, 2005, pp 179-185.

CONTE Éric, « Aperçu historique sur une convoitise millénaire » *in* Sémir Al-WARDI, Jean-Marc REGNAULT, Jean-François SABOURET, *L'Océanie convoitée*, Paris, CNRS Éditions, 2017, pp 28-29.

COPPENRATH Gérald, *Les Chinois de Tahiti, de l'aversion à l'assimilation, 1865-1966*, Paris, Société des Océanistes, 1967.

CORDONNIER Isabelle, *La France dans le Pacifique sud : approche géostratégique*, Paris, Publisud, 1995.

COURANSAIS Cyril, *L'empire des mers Atlas historique de la France maritime*, Paris, CNRS édition, 2015.

COURMONT Barthelemy, « Vers un axe Canberra-New Delhi dans l'océan Indien ? », *Hérodote* n° 145, 2012, pp 69-82.

COUTAU-BEGARIE Hervé, *Géostratégie de l'océan Indien*, Paris, Economica, 1993.

COUTAU-BEGARIE Hervé, *Géostratégie du Pacifique*, Paris, Economica, 1987.

DAROT Mireille, « Calédonie, Kanaky, ou Caillou ? Implicites identitaires dans la désignation de la Nouvelle-Calédonie », *Mots, les langages politiques* 53, 1997, pp 8-25.

DARS Jacques, *La marine chinoise du Xe siècle au XIVe siècle*, Paris, Economica, 1992.

DE DEKKER Paul, REGNAULT Jean-Marc, « La question nucléaire dans le Pacifique Sud, Travaillisme, syndicalisme, et églises océaniennes dans les relations internationales », *Revue historique diplomatique*, 2003, n° 1, pp 63-81.

DE TROGLODE Benoît (dir.), PAJON Céline (dir.), « L'Asie stratégique, de l'Inde au Pacifique », *Revue de Défense Nationale*, 2018.

DELEPINE Gracie, *Histoires extraordinaires et inconnues dans les mers australes : Kerguelen, Crozet, Amsterdam et Saint-Paul*, Rennes, Éditions Ouest-France, 2002.

DOYLE Timothy, RUMLEY Dennis, *The rise and return of the Indo-Pacific*, Oxford University press, 2019.

DRAIN Michel, DUBERNET Cécile, *Relations internationales*, Bruxelles, Bruylant collection Paradigme, 2020.

DROUZET Frédéric, « L'expansion de la puissance chinoise dans le cyberespace », *Revue de Défense Nationale* n° 812, 2018, pp 89-94.

DUCHATEL Mathieu, *Géopolitique de la Chine*, Paris, PUF, 2019.

DUFOUR Jean-François, CLERC Philippe, *Made by China : stratégie d'une conquête industrielle*, Paris, Dunod, 2012.

DUSSOUY Gérard, *Les théories géopolitiques*, Paris, L'Harmattan, 2006.

EKMAN Alice, *Rouge vif : l'idéal communiste chinois*, Paris, Édition de l'Observatoire, 2020.

ESCUDÉ-JOFFRE Camille, *Coopération politique et intégration régionale en Arctique (1996-2019) : construction d'une région*, Thèse de doctorat, sous la direction de Guillaume Devin, Institut d'Étude politiques de Paris, 2020.

ESHET André, « Aspects stratégiques de la politique étrangère gaullienne », *in* BARNAVI Elie, FRIEDLANDER Saul, *La politique étrangère du général de Gaulle*, Genève, The Graduate institute Geneva, 1992, pp 75-84.

FABERON Jean-Yves, FABERON Florence, *Les Fédéralismes*, Nouméa, Recherches sur la cohésion sociale, 2020.

FAIVRE Jean-Paul, « Le ralliement à la France Libre des colonies du Pacifique », Paris, *Journal de la société des Océanistes*, 1945, pp 67-80.

FASQUEL Jean, *Mayotte, les Comores et la France*, Paris, L'Harmattan, 1991.

FOLLIOT Philippe, JOST Christian, *La Passion-Clipperton, l'île sacrifiée*, Saint-Pierre-de-Trivisy, La Bibliotèca, 2018.

FOUCHER Michel (dir.), *Atlas de l'influence de la France au XXIe siècle*, Paris, Robert Laffont, 2013.

FREDERIC Louis, *Le Japon, dictionnaire et civilisation*, Paris, Robert Laffont, 1996.

FRECON Éric, *L'influence chinoise dans les Kiribati, à l'épreuve de la longue durée*, IRSEM, 2025.

GARDE François, « L'administration des îles désertes », *Revue française d'administration publique* n° 102, 2002, pp 59-67.

GARDE François, *La position des pôles. Petit traité de géopolitique subjective*, Paris, Gallimard, 2019.

GARDE François, *Marcher à Kerguelen*, Paris, Gallimard, 2018.

GARDE François, *Petit éloge de l'outre-mer*, Paris, Gallimard, 2018.

GAUCHON Pascal, *Géopolitique de la France : plaidoyer pour la puissance*, Paris, Presse Universitaire de France, 2016.

GAULME François (dir.), « Indo-Pacifique : un concept flottant ? » *Politique étrangère* vol.84, n° 3, Paris, IFRI, 2019.

GAZANO Antoine, *L'essentiel des relations internationales*, Paris, Gualino, 2017.

GOA Daniel, « Nous ne discuterons pas d'un referendum de projet », *Les Nouvelles calédoniennes*, 2022.

GIPOULOUX Francois, *La méditerranée asiatique : villes portuaires et réseaux marchand en Chine, au Japon et en Asie du Sud-est, XVIe-XXIe*, Paris, CNRS Edition, 2018.

GODEMENT François, *The incredible resilience of the Chinese economy*, Institut Montaigne,2025.

GODEMENT François, *La Chine à nos portes : une stratégie pour l'Europe*, Paris, Odile Jacob, 2018.

GODEMENT François, *Que veut la Chine ? de Mao au capitalisme*, Paris, Odile Jacob, 2012.

GOULARD Sébastien, *Les politiques de développe-*

ment régional d'une zone périphérique chinoise : le cas de la province de Hainan, Atelier national de reproduction des thèses, 2015

GOURDIN Patrice, *Géopolitiques, manuel pratique*, Paris, Choiseul édition, 2010.

GOUROU Pierre, *L'Asie*, Paris, Hachette, 1953.

GRARE Frédéric, « De quoi l'Indopacifique est-il le nom ? » *Les Carnets du CAPS*, ministère des Armées, 2019.

GRATALOUP Christian, *Atlas historique de la France*, Paris, Les Arènes, 2020.

GUILLEBAUD Jean-Claude, *Les confettis de l'empire*, Paris, le Seuil, 1976.

GUILLON Édouard, *Le conflit franco-chinois (la guerre et les traités) d'après les documents officiels*, A. Gratier, 1885.

HAUSHOFER Karl, JACOBSEN Hans-Adolf et KLEIN Jean, *De la géopolitique*, Paris, Fayard, 1986.

HECHT Gabriel, *Le Rayonnement de la France. Énergie nucléaire et identité nationale après la Seconde Guerre Mondiale*, Paris Le Seuil, 2016.

HEFFER Jean, *Les États-Unis et le Pacifique. Histoire d'une frontière*, Paris, Albin Michel, 1995.

IZAMBARD Antoine, *France-Chine les liaisons dangereuses*, Paris, Stock, 2019.

JAKNANIHAN Arrizal Anugerah, "Beyond Inclusion: Explaining China's Rejection on the Indo-Pacific Regional Construct", *Jurnal Politik internasional*, vol. 24, n°1, 2022.

JAVAD HEYDARIAN Richard, *The Indo-Pacific: Trump, China, and The New Struggle for Global Mastery*, Singapore, Palgrave, 2020.

JINPING Xi, *La gouvernance de la Chine*, Pékin, édition en langues étrangères, 2014.

JONES Handel, Chinamerica, *The Uneasy Partnership That Will Change The World*, McGraw-Gill Education, 2010.

JOSKE Alex, *The party speaks for you, foreign interference and the Chinese Communist Party's United Front System*, Australian Strategy Policy Institute, 2020.

JOURDA Emmanuel, « L'union des Béliers, l'émergence d'une ONG internationale soutenue par le Parti-État », *Perspectives chinoises* 2019-2, 2019.

JOURNOUD Pierre, « La France et l'Asie du Sud-Est, de l'Indochine à l'ASEAN », *L'évolution du débat stratégique en Asie du Sud-est depuis 1945*, Études de l'IRSEM n° 14, 2012.

JOYAUX François, *Géopolitique de l'Extrême-Orient, Espace et Politiques*, Bruxelles, Éditions Complexe, 1991.

JOYAUX François, *La tentation impériale : politique extérieure de la Chine depuis 1949*, Paris, Imprimerie nationale, 1994.

KEMPF Olivier, *Géopolitique de la France*, Paris, Édition Technip, 2012.

KISSINGER Henry, *On China*, Penguin, 2012.

KORINMAN Michel, *Quand l'Allemagne pensait le monde*, Paris, Fayard, 1990.

LABEVIERE Richard, *Reconquérir par la mer, la France face à la nouvelle géopolitique des océans*, Paris, Temporis, 2020.

LACOSTE Yves, *La géopolitique et le géographe*, Paris, Choiseul édition, 2010.

LASSERRE Frédéric, COURMONT Barthélémy, MOTTET Éric, « Les nouvelles routes de la soie : une nouvelle forme de coopération multipolaire ? », *Géoconfluences*, juin 2023.

LASSERRE Frédéric, GONON Emmanuel, MOTTET Éric, *Manuel de Géopolitique, enjeux de pouvoir sur des territoires*, Malakoff, Armand Colin, 2016.

LE GOURIELLEC Sonia, *Djibouti : la diplomatie de géant d'un petit État*, Villeneuve d'Ascq, Presse Universitaire du Septentrion, 2020.

LECHERVY Christian, « Diplomatie de clubs et de groupes », *in* BALZACQ Thierry, CHARILLON Frédéric, RAMEL Frédéric, *Manuel de Diplomatie*, Presses de Science Po, 2018, pp. 63-77.

LECHERVY Christian, « L'intégration régionale de la France dans le Pacifique Océanien, une diplomatie multimodale », *Journal de la Société des Océanistes* n° 140, p 105-121, [en ligne], 2015.

LECHERVY Christian, « La France et le concept d'Indo-Pacifique », *Indo-Pacifique un concept flottant, Politique Étrangère*, 2019-3.

LECHERVY Christian, « La place des outre-mer océanien dans la politique Indo-Pacifique de la France », *Revue de Défense Nationale* n° 823, 2019.

LECHERVY Christian, « Le Territoire des îles Wallis-et-Futuna : un acteur dimensionnant de la région Indo-Pacifique », *Revue Juridique de Nouvelle-Calédonie* n° 34, 2019.

LEMAIRE Félicien, « Propos sur la notion de « souveraineté partagée : ou sur l'apparence de remise en cause du paradigme de la souveraineté », *Revue française de droit constitutionnel* n° 92, 2012.

LEWIS Martin, WIGEN Kären, *The Myth of Continents: A Critique of Metageography*, University of California Press. 1997

LEYS Simon, *Les habits neufs du Président Mao*, Paris, Champ Libre, 1971.

LIANG Qiao, XIANGSUI Wang, *La guerre hors limites*, Paris, Rivages, 2006.

LINCOT Emmanuel, *Chine, une nouvelle puissance culturelle ? Soft et sharp power*, Paris, MkF Edition, 2019.

LOROT Pascal, « De la géopolitique à la géoéconomie », *Géoéconomie* n° 50, 2009.

LOUCHET André, *La planète Océane, précis de géographie maritime*, Paris, Armand Colin, 2014.

LOUCHET André, « Océan Pacifique et océan Indien : quels enjeux économiques maritimes pour L'Indo-Pacifique ? », *Les Grands Dossiers de Diplomatie* n° 53, 2019.

LOUIS Florian, *Les grands théoriciens de la géopolitique*, Paris, Presse Universitaire de France, 2016.

LY-Tio-Fane Madeleine, « Pierre Poivre et l'expansion française dans l'Indo-Pacifique », *Bulletin de l'École française d'Extrême-Orient*, 1967.

MACCLANCY Jeremy, *To Kill a Bird With Two Stones: a Short History of Vanuatu, Port-Vila*, Vanuatu Cultural Centre publications n° 1, 1980.

MACLELAN Nic, « France and The Blue Pacific », *Asia and the Pacific Policy Studies*, vol 5 n° 3, 2018, pp 426-441.

MACLELLAN Nic, « Stable, Democratic and Western: China and French colonialism in the Pacific », *in* SMITH Graeme, WESLEY-SMITH Terence, *The China Alternative, Changing Regional Order in the Pacific Islands*, Canberra, Anu Press, 2021, pp 197-232.

MACMILLAN Margaret, *Nixon And Mao: The Week That Changed the World*, New York, Random house trade Paperbacks, 2008.

MAHAJAN Sneh, *The foreign policy of Colonial India*, New Delhi, Routledge, 2020.

MAHAN Alfred Thayer, *The Influence of Sea Power upon History: 1660-178*, Boston, Naval War College Press, 1991.

MALLATRAIT Clémence, MESZAROS Thomas, LEPEU Bertrand, *La France, puissance inattendue au XXIe siècle dans le Pacifique Sud : éléments pour une approche géopolitique de l'Océanie*, Paris, France, l'Harmattan, 2009.

MARCHAL Manuel, *Axe Indo-Pacifique : La Réunion utilisée comme base stratégique de l'offensive occidentale contre la Chine*, Témoignages, 2019

MARICOURT Valentin, *Le Canal de Kra, la chimère devenue phoenix*, Association Nationale des auditeurs jeunes de l'Institut des Hautes Études de Défense Nationale, s'engager par la plume n° 2, 2017, pp 61-79.

MATHIEU Jean-Luc, *La Nouvelle-Calédonie sera-t-elle indépendante ? Analyse d'une politique publique*, Paris, l'Harmattan, 2018.

MEDCALF Rory, *Indo-Pacific Empire: China, America and the Contest for the World's Pivotal Region*, Manchester, Manchester University Press, 2020.

MEDCALF Rory, « La Chine et L'Indo-Pacifique : multipolarité, solidarité et patience stratégique », *Revue de Défense Nationale* n° 811, 2018, pp 79-87.

MENZIES Gavin, 1421. *L'année où la Chine a découvert l'Amérique*, Intervalles, 2004.

MERCERON François, MORSCHEL Jean, « Tahiti et ses périphéries insulaires : formation et crise d'un espace centralisé », *Hermès* n° 65, 2013, pp 56-63.

MERIGOT Kevin, « "Collier de perles" et bases à usage logistique dual, Paris », ANAJ IHEDN, 2019.

MICHALON Thierry, « La République française, une fédération qui s'ignore ? » *Revue de Droit public et de la Science Politique en France et à l'étranger*, 1982, pp 623-688.

MICHALON Thierry, *La République française, une fédération qui s'ignore ?: ou la jubilation du chercheur*, Centre de Recherche sur les Pouvoirs locaux dans la Caraïbe, 2006.

MOHAMED-GAILLARD Sarah, « Les relations franco-australiennes en Océanie : représentations de deux politiques régionales », *Outre-mers Revue d'histoire* 366, pp 123-133.

MOHAMED-GAILLARD Sarah, *La politique de la France dans le Pacifique Sud de 1946 à la fin des années 1990*, Thèse de doctorat, sous la direction de Georges-Henri Soutou, Université Paris IV, 2005.

MOHAMED-GAILLARD Sarah, « L'Indo-Pacifique, un nouveau paradigme de la politique de la France en Océanie », *in* AL WARDI Semir, REGNAULT Jean-Marc, *L'Indo-Pacifique et les Nouvelles routes de la soie*, Société française d'histoire des Outre-Mers, 2021.

MOHAN Raja, MANTHAN Samudra, *Sino-Indian Rivalry in the Indo-Pacific*, Washington, Carnegie Endowment for International Peace, 2012.

MONAQUE Rémi, *Une histoire de la marine de guerre française*, Paris, Perrin, 2016.

MOREL Camille, *Le Pacifique insulaire pris dans la toile mondiale ? Géopolitique des cables sous-marins en Océanie*, étude de l'IFRI, 2022.

MORSCHEL Jean, « L'atoll de Hao, entre réhabilitation des sites du CEP et enjeux de développement », *Hermès* n° 65, 2013.

MOTTE Martin, SOUTOU Georges-Henri, DE LESPINOIS Jérôme, ZAJEC Olivier, *La mesure de la force : traité de stratégie de l'École de guerre*, Paris, Tallandier, 2018.

MOTTE Martin, *Une éducation géostratégique : La pensée navale française de la jeune école à 1914*, Paris, Economica, 2001.

MRGUDOVIC Nathalie, *La France dans le Pacifique Sud- les enjeux de la puissance*, Paris, L'Harmattan, 2008.

MRGUDOVIC Nathalie, *La France dans le Pacifique Sud 1996-2006 enjeux et mutations*, Thèse de doctorat, sous la direction de Daniel Bourmaud, Université Bordeaux IV, 2006.

NEEDHAM Joseph, *Science and Civilisation in China Part vol. 5 Military technology*, Cambridge, Cambridge University Press, 1986.

NIQUET Valérie, *La puissance chinoise en 100 questions*, Paris, Tallandier, 2017.

OHMAE Kenichi, *The Borderless World: Power and Strategy in the Interlincked Economy*, Londres, Fontana, 1992.

ONUF Nicholas, *Making Sense, Making Worlds, Constructivism in Social Theory and International Relations*, Londres, Routledge, 2012.

PANOFF Michel, « "The Pacific Way" un rêve évanoui ? », Paris, *Journal de la Société des Océanistes* n° 92, 1991.

PAQUET Philippe, *Madame Chang Kaï-Chek – un siècle d'histoire de la Chine*, Paris, Gallimard, 2010.

PASTOREL Jean-Paul, « Les enjeux de la zone économique exclusive en Océanie », *in* AL WARDI Sémir, REGNAULT Jean-Marc, *L'Océanie convoitée*, Paris, CNRS édition, 2017.

PAULY, Daniel, « La pêche en Indo-Pacifique : une ressource qui se raréfie et source de tensions », *Les Grands Dossiers de Diplomatie* n° 53, Indo-Pacifique : Géopolitique d'un nouveau théâtre d'influence, 2019.

PIPOLO Christophe, « Quels enjeux pour l'Asie-Pacifique », *Lettres de l'Irsem*, 2013.

PITRON Guillaume, *La guerre des métaux rares, la face cachée de la transition énergétique*, Paris, Les Liens qui libèrent, 2019.

POISSONIER Ariane, SOURNIA Gérard, *Atlas mondial de la francophonie*, Autrement, 2006.

RAMO Joshua Cooper, *The Beijing consensus*, Londres, Foreign Policy Centre, 2004.

REGAUD Nicolas, *Le Cambodge dans la tourmente – Le troisième conflit indochinois (1978-1991)*, L'Harmattan, Paris, 1992.

REGAUD Nicolas, « La France et la sécurité en Asie-Pacifique depuis la fin du premier conflit indochinois », *Revue de Défense Nationale* n° 800, pp 113-127

REGNAULT Jean-Marc, *L'ONU, la France et les décolonisations tardives, l'exemple des terres françaises d'Océanie*, Aix-en-Provence, Presses Universitaires d'Aix-Marseille, 2013.

REGNAULT Jean-Marc, *La France à l'opposé d'elle-même : essais d'histoire politique de l'Océanie*, Papeete, Api Tahiti, 2016.

REGNAULT Jean-Marc, VANNIER Catherine, *Le Metua et le Général : un combat inégal, Moorea*, Les Éditions de Tahiti, 2009.

ROCHELAND Christophe, *La diplomatie territoriale de la Réunion, genèse, analyse et enjeu de géopolitique interne et externe*, Université Paris 8-Institut français de Géopolitique, Thèse de doctorat, 2022.

ROSSITER Ash, CANNON Brendon, *Conflict and Cooperation in the Indo-Pacific, New Geopolitical Realities*, Londres, Routledge, 2020.

ROYER Pierre, *Géopolitique des mers et des océans*, Paris, Presses universitaires de France, 2012.

RUAULT Justine, *La Chine en Océanie : une présence et une influence grandissante depuis le début du XXIe siècle*, mémoire de master, sous la direction de Laurent Sermet, École de l'Air, 2019.

SAMAAN Jean-Loup, « L'océan Indien, laboratoire de la géographie militaire américaine », *Hérodote* n° 145, 2012.

SAINT-MEZARD Isabelle, *Géopolitique de l'Indo-Pacifique*, Paris, Presses universitaires de France, 2022.

SANJUAN Thierry, *Atlas de la Chine : les nouvelles échelles de la puissance*, Paris, Autrement, 2018.

SAURA Bruno, *Des Tahitiens, des Français*, Pirae, Au vent des îles, 2011.

SAURA Bruno, *Tinito : la communauté chinoise de Tahiti : installation structuration, intégration*, Pirae, Au vent des îles, 2013.

SCHMITT Carl, *Terre et mer : un point de vue de l'histoire mondiale*, Paris, Le Labyrinthe, 1985.

SERMET Laurent, « L'axe Indo-Pacifique entre discours et méthode. Les échelles de son appropriation dans l'Océan Indien », *in* AL WARDI Sémir, REGNAULT Jean-Marc, *L'Indo-Pacifique les Nouvelles routes de la soie*, Société française d'histoire des Outre-mer, 2021, pp 131-142.

SHAMBAUGH David, *China's Future*, Polity Press, 2016.

SHELDON-DUPLAIX Alexandre, *Histoire des sous-marins des origines à nos jours*, Éditions Techniques pour l'automobile et l'industrie, 2018.

SHINEBERG Dorothy, *They Came for Santal Wood: A Study of the Santal Wood Trade in the South-West Pacific 1830-1865*, Melbourne University Press, 1967.

SMITH Graeme, WESLEY-SMITH Terence, *The China Alternative, Changing regional Order in the Pacific Islands*, Canberra, Anu Press, 2021, pp 233-257.

SOYEZ Paul, *Australian-French Mutual Empowerment: Middle Power's Strategies to Overcome Pacific and Global Challenges*, Thèse de doctorat, sous la direction de John Langmore et Olivier Forcade, Université de Melbourne, Université Paris IV Sorbonne, 2018.

TAGLIONI François, « Les petits espaces insulaires face à la variabilité de leur insularité et de leur statut politique », *Annales de Géographie* n° 652, 2006, pp 664-687.

TAYLOR Meg, "More of the same is not the answer to building influence in the Pacific", *Island Times*, 2022.

TEMPLE Robert, *Le génie de la chine 3000 ans de découverte et d'invention*, Arles, Édition Philippe Picquier, 1986.

TENENBAUM Elie, PAGLIA Morgan, RUFFIE Nathalie, « Confettis d'empire ou points d'appui ? L'avenir de la stratégie française de présence et de souveraineté », IFRI *Focus stratégique* n° 94, 2020.

TERTRAIS Hugues, *La Chine et la mer : sécurité et coopération régionale en Asie orientale et du Sud-Est*, Paris, L'Harmattan, 2011.

TINGYANG Zhao, *Tianxia, tout sous un même ciel : l'ordre dans le passé et pour le futur*, Paris, éditions du Cerf, 2018.

TREMON Anne-Christine, « Un consulat de Chine dans la France Outre-mer », *Critique internationale* n° 42, 2009.

VANDENDYCK Bastien, « Deuxième référendum d'autodétermination en Nouvelle-Calédonie : Horizons incertains », IRIS *Asia Focus* n° 147, 2020.

VANDENDYCK Bastien, *Le Pacifique Océanien : un espace entre influences extérieures et constructions régionales*, mémoire de master, sous la direction de Barthélémy Courmont, Institut des Relations internationales et Stratégiques, 2017.

VAXELAIRE Daniel, *Le grand livre de l'histoire de La Réunion*, Sainte-Clotilde de La Réunion, Orphie, 2016.

VÉDRINE Hubert, *L'avenir de la géopolitique*, Paris, Institut Diderot, 2016.

VERNEY Sébastien, *L'Indochine sous Vichy. Entre Révolution nationale, collaboration et identités nationales*, Paris, Riveneuve éditions, 2012.

VILLEPIN Dominique (de), Avant-propos, « L'Indo-Pacifique à la croisée des puissances – L'Asie stratégique, de l'Inde au Pacifique », *Revue de Défense Nationale* n° 812, 2018, pp 4-10.

WALTZ Kenneth, *Theory of International Politics*, Long Grove, Waveland press, 2010.

WANG Ling, WANG Gengwu, *The Chinese Diaspora: Selected Essays*, Singapore, Times academic press, 2003.

WENDT Alexander, *Social Theory of International Politics*, Cambridge, Cambridge University Press, 1999.

WESLEY-SMITH Terence, PORTER Edgard, *China in Oceania: reshaping the Pacific*, New York, Berghan books, 2010.

WONG HEE KAM Edith, *Diaspora chinoise aux Mascareignes, le cas de La Réunion*, Paris, L'Harmattan, 1996.

YANG Jian, *The Pacific Islands in China's Grand strategy, Small States, Big Games*, New York, Palgrave Macmillan, 2011.

CHANGSEN Yu, *The Pacific Islands in Chinese Geo-Strategic Thinking*, Canton, National Center of Oceania Studies, Sun Yat Sen university, 2015.

ZAJEC Olivier, *Introduction à l'analyse géopolitique, histoire outils méthodes*, Monaco, édition du Rocher, 2018.

Dans la même collection

– *Géopolitique du nucléaire,* Teva Meyer
– *Géopolitique des données numériques,* Amaël Cattaruzza
– *Géopolitique de l'espace,* Florence Gaillard-Sborowsky
– *Géopolitique de l'alimentation et de la gastronomie,* Pierre Raffard
– *Géopolitique de l'art contemporain,* Nathalie Obadia
– *Géopolitique du cinéma,* Chloé Delaporte
– *Géopolitique de l'État d'exception,* Eugénie Mérieau
– *Géopolitique des mafias,* Clotilde Champeyrache
– *Géopolitique de la santé,* Lucie Guimier
– *Géopolitique de l'eau,* David Blanchon
– *Géopolitique des jeux d'argent,* Marie Redon & Boris Lebeau
– *Géopolitique du sable,* Julien Bueb
– *Géopolitique du risque,* Sarah Perret & J. Peter Burgess
– *Géopolitique des Tsiganes,* Adèle Sutre
– *Géopolitique des frontières,* Anne-Laure Amilhat-Szary
– *Géopolitique des détroits,* Frédéric Lasserre & Pauline Pic
– *Géopolitique de la mode,* Sophie Kurkdjian
– *Géopolitique de la jeunesse,* Valérie Becquet & Paolo Stuppia
– *Géopolitique des droits humains,* Blandine Chelini-Pont & Valentine Zuber
– *Géopolitique des Outre-mer,* Fred Constant
– *Géopolitique de l'anarchisme,* Edouard Jourdain
– *Géopolitique de la colère,* Myriam Benraad
– *Géopolitique des extrêmes droites,* Stéphane François
– *Géopolitique des îles,* Marie Redon
– *Géopolitique des religions,* Blandine Chelini-Pont, Roland Dubertrand & Valentine Zuber
– *Géopolitique de l'IA,* Jamal Atif, J. Peter Burgess & Isabelle Ryl
– *Géopolitique des pôles,* Frédéric Lasserre, Anne Choquet et Camille Escudé-Joffres
– …

Éditeur : Marie-Laurence Dubray

www.lecavalierbleu.com

Imprimé en France par Sepec numérique en octobre 2025.
ISBN 979-10-318-0799-7 / Dépôt légal : novembre 2025
ISSN 1625 9157